新しくなった【会計の基本の基本編】の内容

本書は『会社法対応 会計のことが面白いほどわかる本〈会計の基本の基本編〉』(2006年7月刊行)を改訂したものです。

・会社法施行時の刊行だったため、その後の会社法改正について補足・修正をしました
・読者の要望にこたえて、カラー版にしました。イラスト図において原則、同じ項目部分は同じ色を使用することによって全体的な関連をひとめでわかるようにしました

カラーになって、読みやすくなったよ。
楽しく勉強しよう！

最新情報を追加！ しっかり学ぼう

- 株式会社の仕組みと会計の役割／●複式簿記
- 取引をいつ記録するか／●取引をいくらで記録するか
- 貸借対照表／●損益計算書

新規追加しました

IFRSについても、コラムでも解説

- IFRSとは／●IFRSはいつから適用されるのか
- IFRSによる主な変更点は？／●貸借対照表はどう変わるか
- 当期純利益が消えるのか

もっと知識をつけたい人は『会計基準の理解編』へ

【会計基準の理解編の内容】
- キャッシュフロー計算書／●連結財務諸表／●税効果会計
- 時価会計と減損会計／●退職給付会計

【IFRSについての追加コラム】
- すべての会社に適用されるのか／●英語で財務諸表を作成するのか
- IFRSの原則主義とは何か／●持ち合い株式はどう評価されるか
- のれんの償却／●退職給付の積立不足が明らかになる

はじめに

会計のこと全然わかんないし
なんかつまらなそうだし、できれば関わりたくないな。
別に経理部にいるわけじゃないんだし、会計のことなんか
知らなくっても問題ないよね。

確かに、会計っていうと地味でつまらない、自分とは無縁の世界
のことのようにも思えるね。

でも本当は、会社に関わるすべての人にとって
会計の知識は不可欠なんだよ。

例えば、ある会社に興味を持って、株を買おうと思ったり
就職先として考えている人にとって
その会社が将来どうなるかっていう情報は
とても重要なものだよね。

それに、会社を経営したり、大事な決定をする立場にある人は
今会社がどういう状態にあって
自分の決定が会社にどういう影響を及ぼすのか
をわかっていないといけないよね。

会計は、そのような、会社に関する様々な情報を提供してくれる
有効な手段なんだ。

会計が大事だって話は、聞いたことがあるよ。
でも、会計って難しそうだし
どうして大事なのかもわからないし
本当に会計がそんなに役に立つの？

会計がなぜ重要で、どんな情報を提供してくれるのかについては
全体を通じて説明していこう。

会計は本当はとても重要なものなのに
難しい、自分には関係ないって思っている人がたくさんいるのは
とても残念なことだね。

それなのに、会計について書かれた書籍や雑誌、新聞記事などは
必要以上に難しく書かれていたり
間違ったことが書かれてしまっていることが多いんだ。

この本では
会計の難しい部分や、細かすぎて重要性が低い部分を
なるべく省いて、本当に大事な部分だけを説明しているから
会計の基本的な考え方と、今社会で起きていることの意味を
正しく理解するのに役立つと思うよ。

なお
キャッシュフロー会計や連結会計・時価会計などの
会計基準については
『カラー版　会計のことが面白いほどわかる本
〈会計基準の理解編〉』で
詳しく解説しているから
そちらもあわせて読んでみてね。

- 新しくなった【会計の基本の基本編】の内容 ………………… 2
- はじめに ………………………………………………………… 3

その1 株式会社の仕組みと会計の役割　11

- 株式会社の役割 …………11
- 株式会社の仕組み ………16
- 株主の得られるメリット ……………………………18
- 債権者 ……………………21
- 株主と債権者の違い ……23
- キャピタルゲイン ………25
- 債権者のリスク …………27
- 株価 ………………………28
- 資本コスト ………………31
- お金を儲けるとは ………34
- 会計の役割 ………………37
- 会社がお金を増やすプロセス ……………………40
- 回転 ………………………42
- 会計監査 …………………45
- 利害調整機能 ……………47
- 会計と会社経営 …………49
- 経営者は、なぜ株価を気にするのか …………51

IFRS のココを押さえよう ❶
- IFRSとは ………………… 57

その2　複式簿記　61

- 取引の種類 …………63
- 取引の二面性 …………64
- 調達取引 …………65
- 投資取引 …………66
- 回収取引 …………68
- 複式簿記の仕組み ………69
- 借方と貸方 …………71
- 貸借の一致 …………73
- 勘定科目 …………74
- 資産 …………77
- 負債 …………78
- 資本 …………81
- 収益 …………86
- 費用 …………88
- 資産と費用の関係 ………89
- 損益 …………92
- 財務諸表 …………93
- 残高試算表 …………102
- 債務超過 …………106
- 会社のお金を増やすプロセスと会計 …………107

IFRSのココを押さえよう❷
- IFRSはいつから適用されるのか …………110

ここでちょっと ひと休み！❶
- おこづかい帳だと何が問題か …………112

その3　取引をいつ記録するか　115

- 発生主義 …………120
- 信用取引 …………125
- 実現主義 …………130
- 費用収益の対応 …………134

- 支出・収入と費用・収益 …139
- 減価償却 …………………140
- 資産と費用 ………………146
- 金融資産と事業用資産
  …………………………148
- 引当金 ……………………152
- 仮定と継続性 ……………156

- 決算 ………………………159

IFRS のココを押さえよう ❸
- IFRSによる主な変更点は？
  ……………………… 161

ここでちょっと ひと休み！ ❷
- 学園祭のたこ焼き屋と
  会社との違い ……… 164

その4 取引をいくらで記録するか　167

- 取得原価主義 ……………174
- 時価主義 …………………175
- 事業用資産の金額の意味
  …………………………178
- 商品・製品の評価 ………180
- 検証可能性 ………………182
- 実現主義との関係 ………183

- 金融資産の評価 …………184
- 商品と有価証券の違い …189
- 棚卸資産の評価 …………191

ここでちょっと ひと休み！ ❸
- 会社はだれのものか …… 194

その5 貸借対照表　197

- 貸借対照表とは …………197
- 貸借対照表に対する誤解
  …………………………199
- 財政状態 ………………200
- 流動資産 ………………203
- 回転率、回転期間 ………206
- 資産の流動化・固定化 …210
- 証券化 …………………214
- 有形固定資産 …………218
- 無形固定資産 …………220
- のれん …………………223
- 投資その他の資産 ………228
- 繰延資産 ………………229

- 負債と純資産 …………231
- 負債の部 ………………231
- 流動比率 ………………232
- 純資産 …………………235
- 固定比率 ………………241
- 自己資本比率 …………244
- 安全性と格付け …………245
- バランスシート不況 ……247

IFRS のココを押さえよう ❹
- 貸借対照表はどう変わるか
  …………………………251

ここでちょっと ひと休み！ ❹
- 「不良債権を処理する」とは
  ……………………… 254

その6 損益計算書　257

- 損益計算書の目的 ………257
- 経営成績の指標 …………259
- 会社の活動の実態 ………263
- 配当可能利益の計算 ……264

- 損益計算書の仕組み……265
- 売上総利益……………266
- 営業利益………………271
- 経常利益………………273
- ROA……………………275
- 特別損益………………277
- 税金等…………………279
- ROE……………………280
- EPSとPER……………283
- 損益分岐点とCVP分析
  …………………………285

IFRS のココを押さえよう❺
- 当期純利益が消えるのか
  ……………………………291

索引………………………………295

本文イラスト　天野　康恵
本文レイアウト　杉山　久（ライラック）

本書の利用に関する注意事項

　本書は、公表されている会計基準、実務指針、意見書、および市販されている解説書などに基づき、筆者自身による解釈に従って、会計の本質を平易な言葉によって記述したものです。

　本書の内容は、筆者の所属する組織・団体、関与するクライアントのいかなる内部情報、または知的財産や成果物とは無関係であり、また、これらを参照・引用することは一切行っていません。したがって、本書の内容は、これらの組織の公式見解を示すものではありません。

　会計の実務は高度な専門知識・判断を伴うものであり、実際の会計処理にあたっては、本書の内容に全面的に依存するのではなく、必ず担当の公認会計士・税理士などに確認・相談のうえ、実務を行われることをお願いします。

株式会社の仕組みと会計の役割

株式会社の役割

会計の話に入る前に
会計の対象となる会社、特に**株式会社**（かぶしきがいしゃ）の
仕組みを説明しておこう。

株式会社の仕組みを理解することが
会計を正しく理解する第一歩だからね。

実は
「**株式会社は人類最高の発明のひとつ**」
といわれているんだ。

株式会社という仕組みがなければ
今の経済や社会、それに僕たちの生活も成り立たないんだよ。

 それはちょっと
大げさないい方じゃないの？

それじゃあ
株式会社がなかったらどうなるか考えてみよう。

まず、**会社が事業を行うには、当然お金が必要**だよね。

そうだね。
お金がないと、お給料も払えないし
何も活動できないものね。

小さな会社だったら、そんなにたくさんのお金は必要ないから
個人で貯めた預貯金や、親戚や友達からお金を集めても
何とかなるし、実際そういう小さな会社もたくさんあるんだ。

でも、みんなが名前を知っているような大きな会社であれば
数千億円とか、数兆円とかの、途方もない多額のお金が
会社の事業に使われているんだ。

数兆円？
そんなにたくさんお金を持ってる人がいるの？

そんなにお金を持っている人は
滅多にいないよね。

それに、もしいたとしても
会社は経営に失敗して倒産することもあるから
そのお金で事業をするのも、勇気がいることだよね。

だったら
銀行からお金を借りればいいんじゃない？

銀行もお金は貸してくれるけど
失敗する可能性の高い事業の場合は
銀行はなかなかお金を貸してくれないんd。

銀行だって、会社が倒産して
お金が返ってこなくなったら嫌だからね。

国はどう？
国はたくさんお金を持ってるよ。

国が何か事業をやろうとすると
その事業から得られる利益に群がる人が出てきて
うまくいかないんだ。

でも、どうしてそんなにたくさんのお金を使って
会社が活動する必要があるの？

僕たちの身の回りにある商品やサービスは
たくさんのお金をつぎ込んで研究や開発をした結果
作り出されたものなんだ。

それに
そういった研究や開発は、失敗する可能性があるから
会社はいくつかの研究を手掛けて
失敗したときのショックを少なくしているんだ。

だから
そうした新しい商品やサービスが生み出されるためには
会社にたくさんのお金が集まる必要があるんだ。

そんなにたくさんのお金が
どこにあるの？

1カ所にはないけど
**この世の中には、少しだけならお金を余分に持っていて
それを有効に使いたいと考えている人は、たくさんいる**んだ。

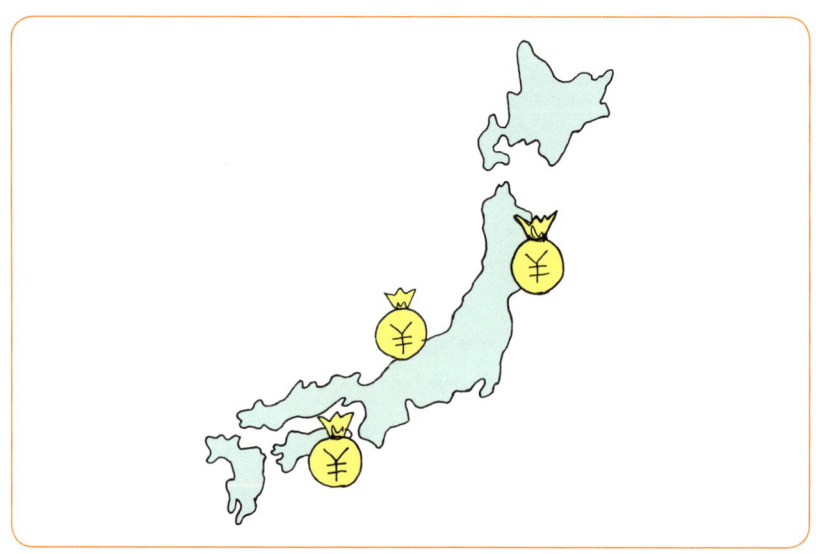

こうしたお金は、有効に使われれば
社会にとって価値のある商品やサービスが生み出されて
人間の生活を豊かにしてくれるのに
それが世の中に散らばったままというのは
とてももったいないことだよね。

そうした
**世の中全体に散らばっている少しのお金を集めて
大規模な事業活動を可能にする**のが
株式会社なんだ。

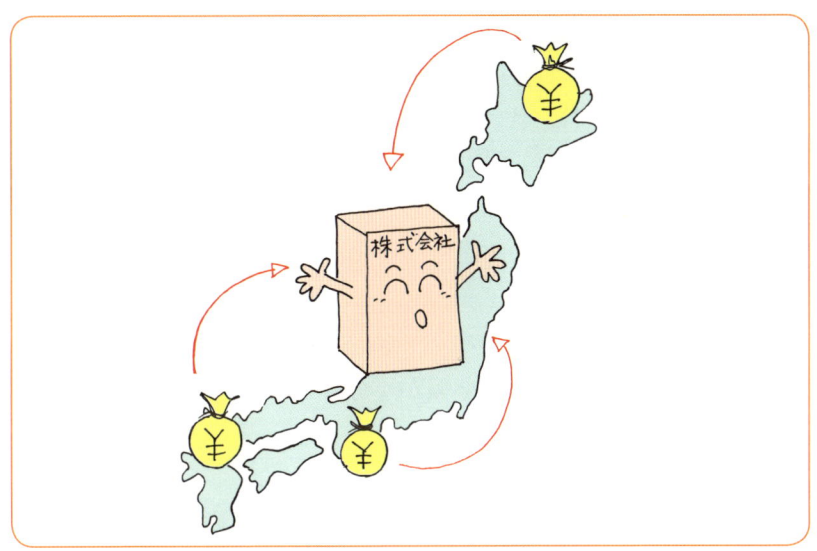

 株式会社は、世の中に散らばっている、少しずつの余ったお金を集めて大規模な事業を行うことを可能にするものである。

株式会社がなければ
せっかく余ったお金も有効に使われないし
それを使って生み出されたはずの商品やサービスを受けることも
できなくなってしまうんだよ。

 だから、株式会社がないと、私たちの生活が成り立たないっていったんだね。

株式会社の仕組み

会社はどうやって、世の中に散らばっているお金を集めているの？

それじゃあ
株式会社がお金を集める仕組みを説明していこう。

まず
会社の所有権（しょゆうけん）**を細かく分ける**んだ。

所有権って何？

例えば今着ている洋服も
自分でお金を出して買ったものだから、自分のものだよね。

自分のものだから
それを売っても捨てても、その人の自由だよね。

このように
これは自分のものだっていう権利を所有権というんだ。

株式会社の場合
会社に対する所有権を株式（かぶしき）**という形で細かく分ける**んだ。

所有権を分けるってどういうこと？

例えば、会社の所有権を10個の株式に分けたとしよう。

そのうち
1個の株式を持っている人もいれば
3個の株式を持っている人もいたとするね。

株式を持っている人は、会社の持ち主だから
会社を解散させることも自由にできるのだけど
そのような決定は、**株式の割合によって多数決で決める**んだ。

所有権って、目に見えないものだよね。
だれが所有権を持っているかって、どうやってわかるの？

会社は、**株主名簿**（かぶぬしめいぼ）という名簿に
だれが何株持っているか、というデータを登録しておくんだ。

昔は株券を株式の証明書として使っていたのだけど
今は原則として株券を発行しないことになっているんだ。
また上場している会社は
証券会社などがデータを管理しているんだ。

株式を購入した人は**株主**（かぶぬし）**となって**
会社の所有権の一部を持つことになるんだよ。

株主は会社の持ち主だから、**株主総会**（かぶぬしそうかい）という会議で**会社に対して、いくつかの重要な決定をしたり儲かったお金の一部を自分に支払うように、請求することができる**んだ。

> **これはおぼえよう**
>
> 会社の所有権を細かく分けたものを株式といい 
> 株式を持っている人を株主という。
> 株主は、会社の持ち主なので、会社にとって重要なことを
> 決めたり儲かったお金の一部を支払うことを請求できる。

株主の得られるメリット

 どうして株主は
わざわざお金を出して、株式を買おうとするの？

ひとつには
会社の事業がうまくいって、会社の儲けが増えれば増えるほど株主はその利益の一部をより多く受け取ることができる点が挙げられるね。

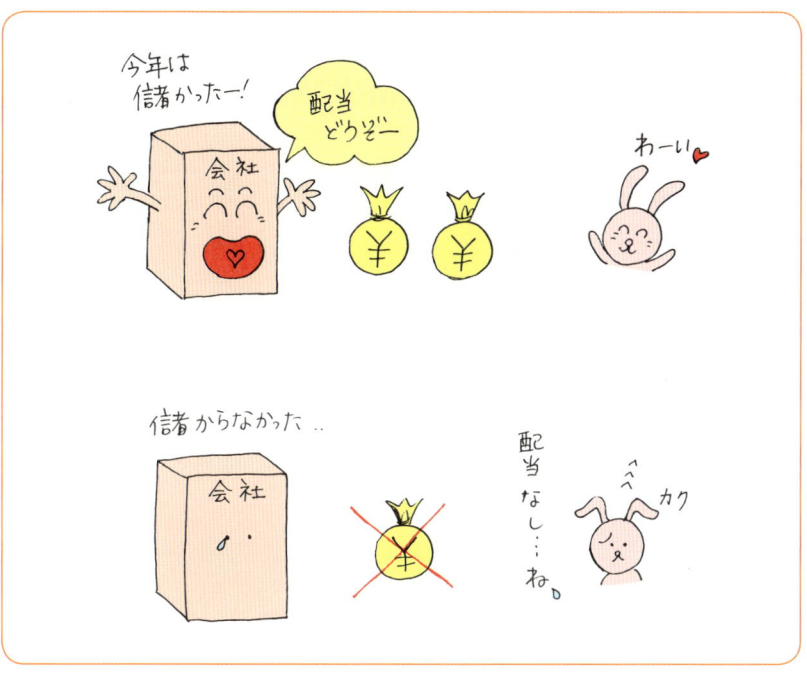

このように、**会社の儲けの一部を受け取ること**を
配当（はいとう）または**インカムゲイン**というんだ。

> **これはおぼえよう**
>
> 株主が、会社の儲けの一部を受け取ることを
> 配当またはインカムゲインという。

ただし
会社が儲からなかった場合には、株主は配当をもらえないし
万一会社が倒産してしまったら
株主は、最初に預けたお金が返ってこなくても
文句はいえないんだ。

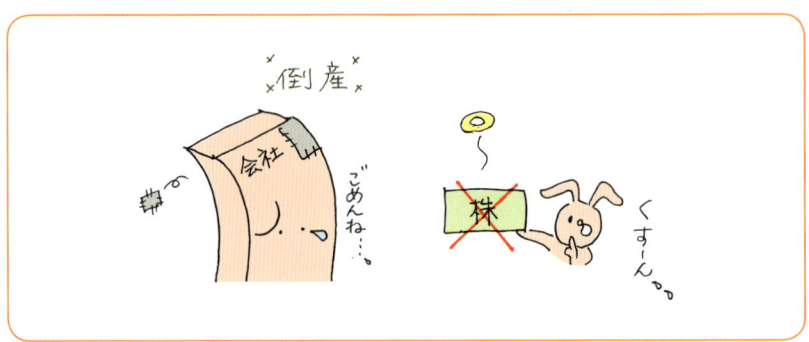

このように
お金が増えて得をする可能性もあるけど
お金が減って損をする可能性もあることに、お金を出すこと
を**投資(とうし)** というんだ。

また
この損する可能性もあるけど得する可能性もあること
を**リスク**というんだ。

一般的にリスクというと、危険というイメージがあるけど
正しくは損をする可能性だけでなく
変動する可能性のことなんだよ。

> **これはおぼえよう**
>
> 得をする可能性もあるが、損をする可能性もあること
> をリスクという。
> リスクのあることにお金を出すことを投資という。

債権者

会社は、株主から預かったお金で
事業をしているんだね。

基本的にはそうなのだけど
普通は、株主から預かったお金だけだと足りなくて
銀行などからお金を借りることが多いんだ。

会社にお金を貸すのは、銀行だけなの？

日本では、主に銀行が会社にお金を貸しているけど
実は、僕たちのような一般人が
会社にお金を貸してあげることもできるんだよ。

えっ
どうやって？

会社は、お金を借りたいときに
社債（しゃさい）を発行するんだ。

僕たちが証券会社などに行って、この社債を買うと
買ったお金は会社に渡って、会社の借金になるんだ。

僕たちは、会社にお金を貸したことになるから
会社から利息を受け取って、期日にお金が返済されるんだよ。

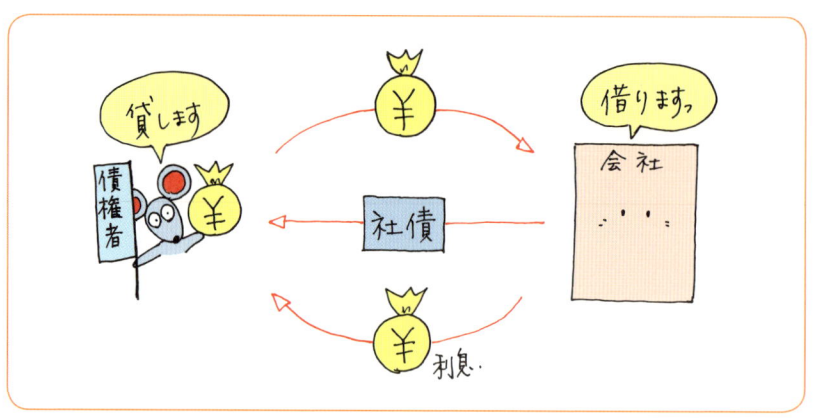

会社にお金を貸している人のことを
債権者（さいけんしゃ）というんだ。

また
株式や社債のようなお金の調達方法を、**直接金融**（ちょくせつきんゆう）
銀行借入のようなお金の調達方法を、**間接金融**（かんせつきんゆう）
というんだ。

 直接、間接ってどういうこと？

この直接、間接というのは
<u>お金を出す人たちが直接リスクを負うかどうか</u>ってことだね。

つまり、株式や社債は
会社が倒産した場合に投資家は損をする可能性があるけど
その分利息をもらったり、配当を受けたりできるね。

銀行からの借入も、もとは僕たちの預金なのだけど
預金者は、銀行が貸し出している相手が倒産しても
損することはないよね。

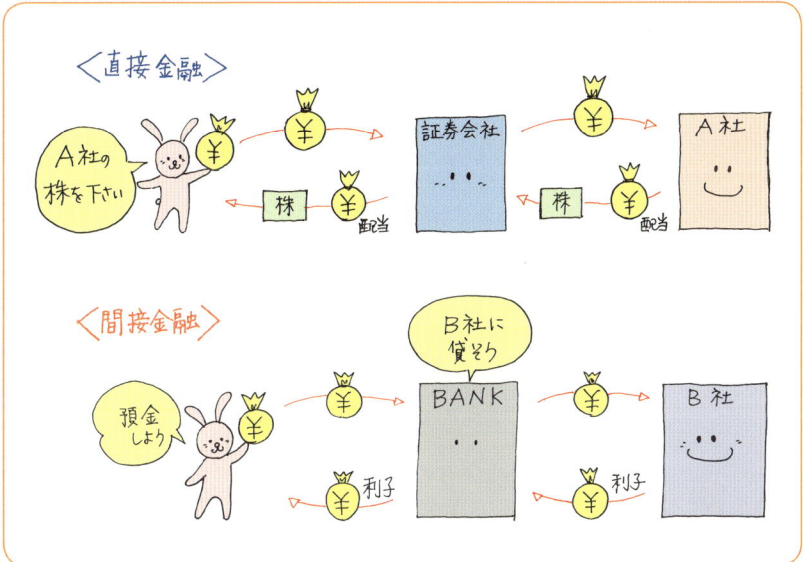

> **これはおぼえよう**
>
> お金を出す人が直接リスクを負う形式の
> 資金調達方法を直接金融、
> お金を出す人が間接的にしかリスクを負わない形式の
> 資金調達方法を間接金融という。

株主と債権者の違い

このように、会社は株主から投資されたお金と
債権者から借りたお金を合わせて
事業を行っているんだよ。

 そうすると
会社は、株主と債権者のものってこと？

いや
会社はあくまで、株主のものなんだよ。

債権者は、あくまでお金を貸しているだけだから
会社が重要なことを決める株主総会にも出席できないし
会社が儲かっても、債権者の持ち分が増えたりはしないんだ。

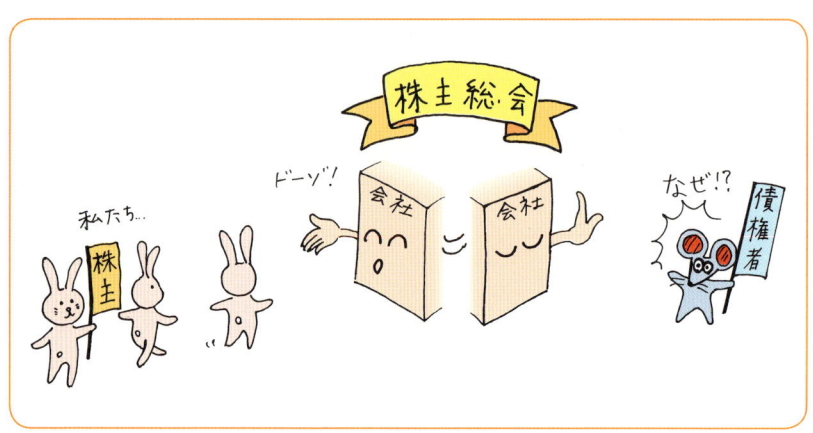

　それじゃあ
　債権者には、いいことがないんじゃない？

株主は会社の所有者だから
会社の経営がうまくいった場合にもらえるお金が増える分
会社の経営が失敗してしまったときには
お金が返ってこない場合もあるよね。

これに対して
債権者は、会社にお金を貸しているだけだから
会社の経営が失敗しても、優先的にお金を返してもらえるんだ。

このように
会社の経営の成否に関係なく
受け取る金額が一定であることにお金を出すことを
融資（ゆうし）というんだ。

キャピタルゲイン

株主が得られるのは、配当だけではなくて
キャピタルゲインもあるんだ。

日本では
利益の大小にかかわらず配当が一定額である会社が多いから
株主が期待するのは、キャピタルゲインのほうだね。

 キャピタルゲインってどういうこと？

キャピタルゲインは
株式を買ったときの値段より、高く売ったときの儲け
のことだよ。

逆に
株式を買ったときの値段よりも、安く売ったときの損のことを
キャピタルロスというんだ。

株式の値段を**株価（かぶか）**というのだけど
キャピタルゲイン、キャピタルロスは、株価の変動で
生じるもの、ってことだね。

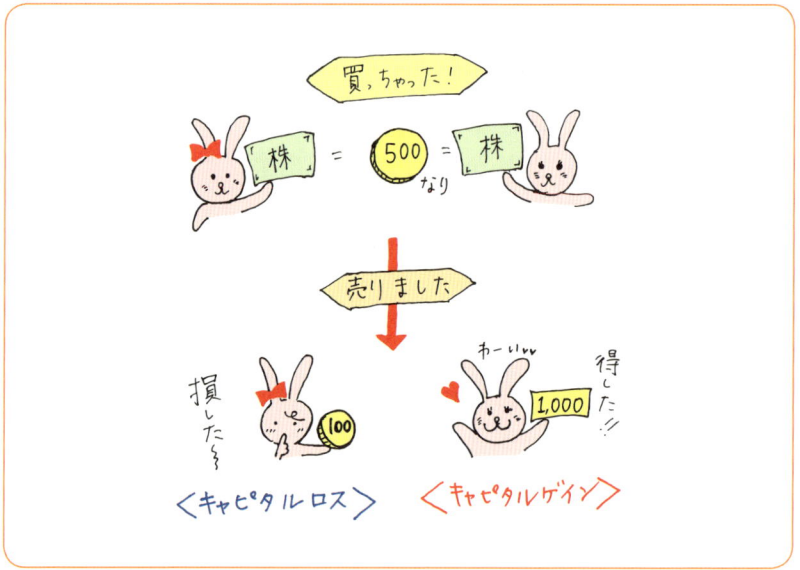

これは**おぼえよう**

株を買ったときの値段よりも
高く売って得することをキャピタルゲイン、
安く売って損することをキャピタルロスという。

債権者のリスク

 株主が損をする可能性があるのはわかったけど
債権者は、損をする可能性はないの？

さっきも説明したように、会社が倒産したときには
会社は優先的に、債権者にお金を返す必要があるけど
**会社が持っている財産をすべて処分しても払えない分は
債権者の損になってしまう**んだ。

本来なら
会社の所有者である株主が借金を肩代わりするべきなのだけど
株式会社の制度では、**株主の責任が限定されている**んだ。

 責任が限定されているって
どういうこと？

株主は会社が万一倒産しても、株の価値がゼロになるだけで
会社が負っている借金を肩代わりする必要はないんだよ。

そのおかげで
**株主は、自分が負う可能性のある損の範囲を踏まえたうえで
投資することができる**んだ。

 でもそうすると
債権者は、会社がお金を返してくれるか心配だね。

そうなんだ。

だから、昔は
銀行がお金を貸すときには、会社が借りるお金と同じくらい価値
がある土地などを担保にすることが条件だったんだ。

会社が倒産しても、土地を売れば借金を取り戻せるからね。

でも、それは土地の価格が上がり続けることが前提だから
土地の値段が下がることもある今の時代では
通用しないんだ。

それに、僕たちのような一般投資家が社債を買うときには
担保なんて取らないからね。

だから、**債権者も**
会社がちゃんとお金を返してくれるかどうかを
調べる必要があるんだ。

会社が倒産した場合、
債権者は、株主よりも優先的にお金が返済されるが
必ずしも全額が返済されるとは限らない。
そのため、債権者も、会社がお金を返済する能力があるか
どうかを調べる必要がある。

株価

さっきのキャピタルゲインの話だけど
どうして株価は上がったり下がったりするの？

株式の売買は、証券取引所で
多くの投資家が参加して行われるんだ。

儲かってたくさんお金を増やせそうだと思われている会社は
将来、株主がもらえる配当が増えるはずだから
みんなその株式をほしがるよね。

ほしい人が増えれば、高くても買おうとするから
その会社の株価は上がるんだ。

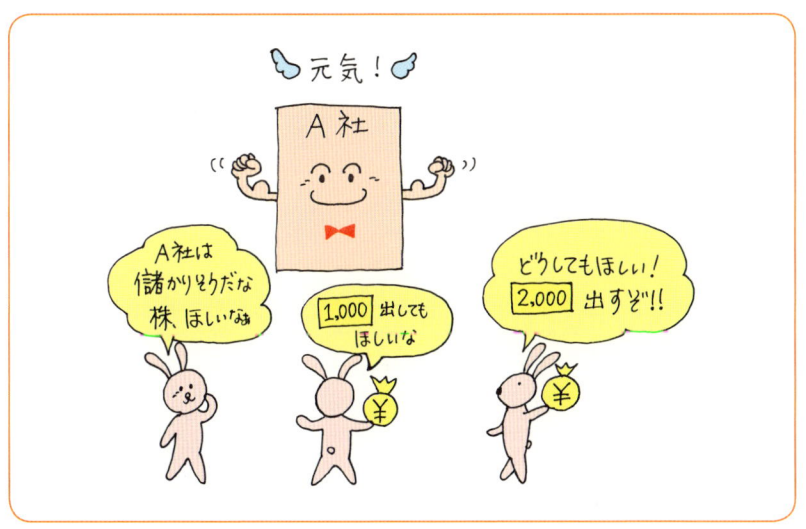

それに
会社の株価が上がれば、キャピタルゲインも増えるから
ますます株をほしがる人が増えて、株価が上がっていくんだ。

逆に
お金をあまり増やせないと投資家に思われている会社の株価は
人気がなくなって下がってしまうね。
株価が下がればキャピタルロスが発生する可能性が高まるから
ますます株価が下がってしまうんd。

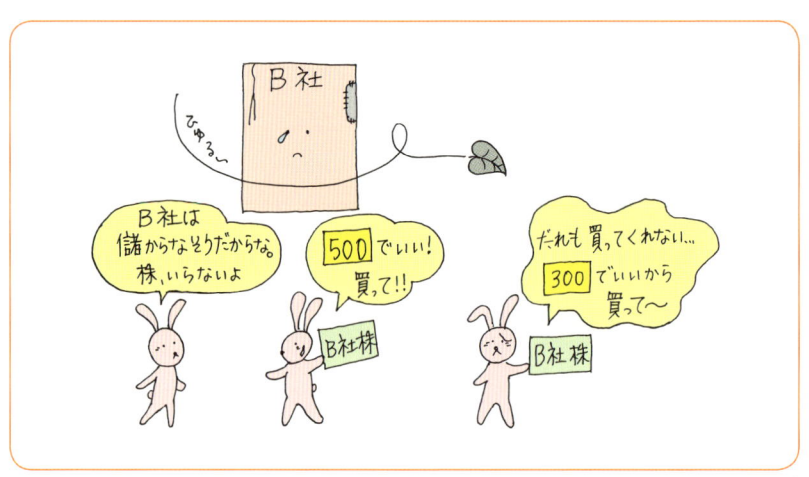

お金を増やすことができると期待される会社の株価は
人気が集まって上昇し、
お金を増やすことができないと思われる会社の株価は
人気がなくなって下落する。

そう考えると
会社が株主や債権者からお金を集めるには
会社は、集めたお金を増やすことが絶対の条件になるよね。

お金を増やさないと
配当や利息が支払えないからね。

利息は支払わないといけないのはわかるけど
株主には、配当を我慢してもらうことは
できるんじゃないの？

以前は、そう考えている日本の会社は多かったんだ。
日本では株主の権利はとても低く扱われていたんだよ。

でも、それは大きな間違いなんだ。

その点について、次に説明しよう。

資本コスト

株主になろうという人は、自分のお金を
遊んだり物を買ったりするのに使うこともできるよね。

でも、**株主はそうする代わりに
失敗するかもしれない会社に投資してくれた**のだよね。

株主は、**会社に投資したことで
遊んだり物を買ったりすることができなくなった**わけだから
株主にとっては、**損をしたことになる**ね。

うーん、そんな気もするけど
でも株主のお金が、実際に減ったりしていないよね。

株主のお金は減っていないけど
**他の目的にお金を使っていれば、株主は何らかのメリットを
得られたはず**だよね。

それなのに、株主は会社に投資したから
そのメリットが得られなかったことになるよね。

この**得られたはずのメリット**のことを
機会費用（きかいひよう）というんだ。

株主は、会社に投資していなければ
そのお金を他の目的に使うことができたはずだよね。

だから、会社は、**株主の機会費用を上回るだけ
お金を増やさないといけない**んだよ。

 でも、この機会費用って、株主によって違うし
どうやって測るの？

確かに、株主が得られるはずのメリットは人によって違うから
次のように考えるんだ。

株主は少なくとも
国債などでお金を運用すれば、利息がもらえるよね。
国債は、国が借金をするために発行するもので
会社の社債にあたるものだね。

国債が本当に安全かどうかは疑問だけど
一応、お金が返ってこない危険は少ないよね。

国債のように**安全な資産で運用したときに得られる金利**を
安全利子率（あんぜんりしりつ）というのだけど
会社は、**株主が国債で運用して得られる金利よりは
多くの配当を支払う必要がある**よね。

そうか
株主は会社に投資しなければ、少なくとも
安全利子率くらいは、お金を増やせるものね。

それじゃあ、安全利子率を上回るだけ
お金を増やせばいいの？

それだけでなく
投資は失敗する可能性があるから
株主にとっては、投資のリスクは嫌なことだよね。

そこで
そのリスクに見合うだけ余分に、お金を増やす必要があるんだ。

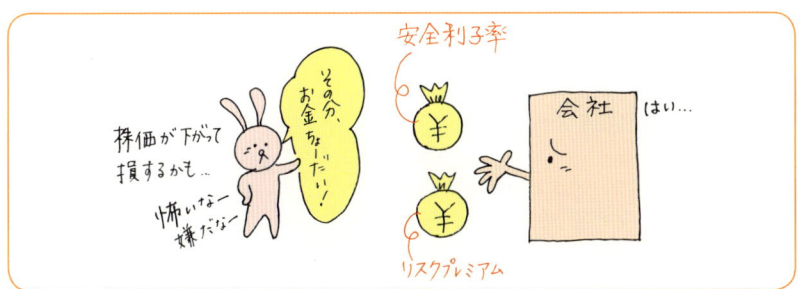

この
**失敗するリスクに見合う分だけ、余分にお金を増やさなければ
いけない部分**を、**リスクプレミアム**というんだ。

ということは、安全利子率にリスクプレミアムを加えた分だけ会社はお金を増やす必要があるんだね。

そうだね。
実際には、会社には株主だけでなく債権者もいるから
債権者に対しては、利息を払えるだけ
お金を増やす必要があるね。

この、**安全利子率にリスクプレミアムを加えたものと
債権者に支払う利子率を平均したもの**
を、**資本**（しほん）**コスト**と呼ぶんだ。

会社は
資本コストを上回るだけ、お金を増やさなければいけないんだよ。

株主や債権者は、他の用途を犠牲にして、リスクを負って
会社に投資や融資をしているので、それを上回るだけ
会社はお金を増やす責任がある。
この要求される増加分を、資本コストという。

お金を儲けるとは

うーん、わかる気もするけど
なんか嫌な感じだな。

会社はお金を増やさなきゃいけないっていうと
お金儲けのためだけに、会社があるみたいだし。

お金儲けというと
確かになんだか良くないイメージがあるよね。

じゃあここで
お金を儲けるってどういうことか考えてみよう。

そもそも「**儲け**（もうけ）」って何だかわかるかい？

それくらいはわかるよ。

「儲け」っていったら、100円で買ったものを
150円で売ったら、150－100＝50円が儲けじゃないの。

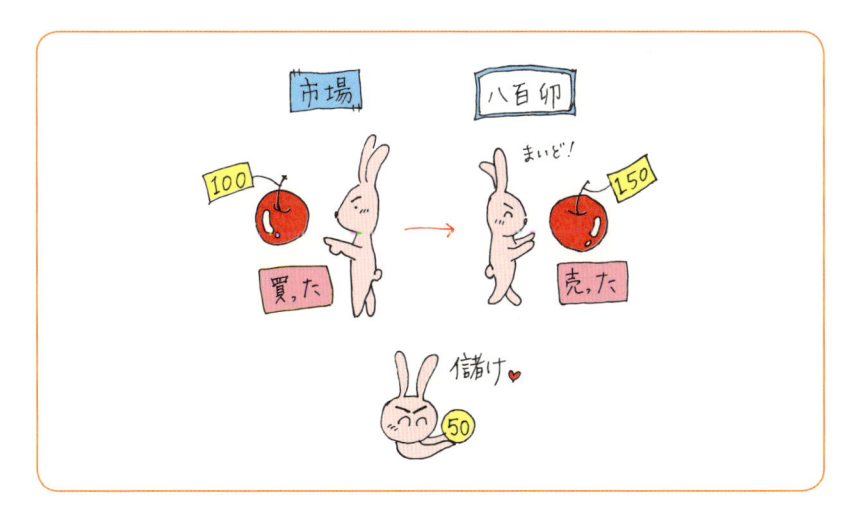

そうだね。

それじゃあ、どうして100円で買ったものが
150円で売れるんだい？

100円で買えるんだったら
わざわざ150円で買う必要はないよね。
僕たちも、100円で買えばいいじゃないか。

そういえばそうだね。

あ、でも
どこに行けば100円で買うことができるんだろう。

僕たちが、会社と同じように100円で買おうと思っても
実際には大変なんだ。

工場から直接買おうと思っても
売っている場所を探さなきゃいけないし
その場所まで行かなきゃならないし
個人だと相手にしてくれないかもしれないよね。

それを、会社は情報を集めたり
工場からの調達ルートを持ったり大量仕入をしたり
他の商品と組み合わせて販売したりして
個人ではできないことをやっているんだ。

僕たちは、**自分ではできない大変なことを
会社がやってくれて
それが価値があると感じているから
その価値に対して、お金を余分に支払っている**んだよ。

**会社は、他の人たちや他の会社にとって価値のあることをやって
それに対してお金をもらうことで、儲けている**んだ。

そうか。
お客さまが、価値があるって認めなければ
お金を余分に払ったりしないものね。

そう考えると
会社はお金を増やすために
何でもやっていいってわけではないことがわかるね。

例えば
大して価値を生み出していないのに
高い値段で売ろうと思っても
お金を出して買ってくれる人はいないよね。

だから
会社は自分の強みを生かして、他の会社にはできないことをし
社会にとって価値のあるものを生み出すことで
株主や債権者から預かったお金を増やしていくんだよ。

> **ここがカギ** 会社は、社会にとって価値のあるものを生み出すことで
> 株主や債権者から預かったお金を増やしていく。

会計の役割

このように
価値を生み出してお金を増やすことができる会社に
より多くのお金が集まることで、より多くの価値が生み出されて
僕たちの生活レベルや文化が向上していくんだ。

何となくわかってきたけど
本当にそんなにうまくいくものなの?

第一、どの会社がお金を増やせるかなんて
どうやって知ることができるの?

そう、そこが大事なところなんだ。

株主や債権者は、普通、**会社とは無関係の人たち**だよね。

そうした見ず知らずの人たちに投資や融資をしてもらうためには
**その会社が、「将来どれだけお金を増やせるか」や
「お金がちゃんと返ってくるか」に関する情報が
投資や融資をしようとする人たちに
公開されていなければならないよね。**

でも、例えば会社の社長に
「来年は絶対1億円儲けます。私はウソをつきません。
だから投資して下さい」
といわれて、投資する気になるかな。

　　　　　会ったこともない社長にそんなこといわれても
　　　　　ちょっと信じられないよ。

そうだよね。

実は、その**会社が「将来どれだけのお金を、どれだけ効率的に
増やすことができるか」を予測するための情報を
株主や債権者に提供する**のが、会計の役割なんだ。

会計は、**財務諸表**（ざいむしょひょう）という書類によって
その会社が、今までどのようにお金を集めて
それをどのように使って
どれだけ効率的にお金を増やしたか
という情報を提供するんだよ。

このように株主や債権者に、会社の情報を公開することを
ディスクロージャーというんだ。

> **ここがカギ**
> 会計は、会社が将来どれだけのお金を、どれだけ効率的に増やすことができるかを予測するための情報、および実際にどれだけお金を増やしたのかに関する情報を提供することを目的とする。

この、ディスクロージャーのための会計を**財務会計**（ざいむかいけい）というんだ。

会計は、大きく分けて財務会計と管理会計の2種類があるんだ。

管理会計ってどういうこと？

管理会計（かんりかいけい）は
社外の株主や債権者に対するものではなくて
経営者や管理者などに、会社内部の管理や大事な決定をするための
情報を提供することが目的なんだ。

財務会計は、社外に対するディスクロージャーだから
様式が法律で決められているんだ。

でも、管理会計は、会社の内部に対するものだから
様式も自由だし、いろんな方法があるんだよ。

これはおぼえよう
> 会計には、財務会計と管理会計の2種類がある。
> 財務会計は、財務諸表によって、投資家や債権者に
> 会社の情報を伝えることを目的とし、
> 管理会計は、任意の手段で経営者などの経営意思決定に
> 役立つ情報を伝えることを目的とする。

この本では、主として財務会計を中心に説明するね。

でも、会計って数字ばっかりで
よくわからないよ。

ほんとにあんな数字で
会社の将来を予測することなんてできるの？

それじゃあ、さっき説明した
「会社が価値を生み出してお金を増やしていくプロセス」を
もう少し詳しく見てみよう。

このプロセスは、会計数字の意味を理解するために
とても重要だから、しっかり理解しておこう。

会社がお金を増やすプロセス

会社は、株主や債権者から預かったお金を使って
材料を買ったり、設備を買ったり、人を雇ったりするね。

会社がお金を出して材料を買うのは
材料を棚に飾って眺めるためではないよね。

材料を買うのは、**その材料を使って製品を作ることで
製品を売って、お金を得ることができるから**だね。

会社が従業員に給料を支払うのも
従業員の生活のためというのもあるけれど
それが主目的ではないよね。

**従業員が働いてくれることによって
商品やサービスが、価値のあるものになるから**だね。

つまり
会社が材料を買ったり、設備を買ったり、人を雇ったりするのは
そうすることによって、**商品やサービスの価値を増加させることができるから**なんだ。

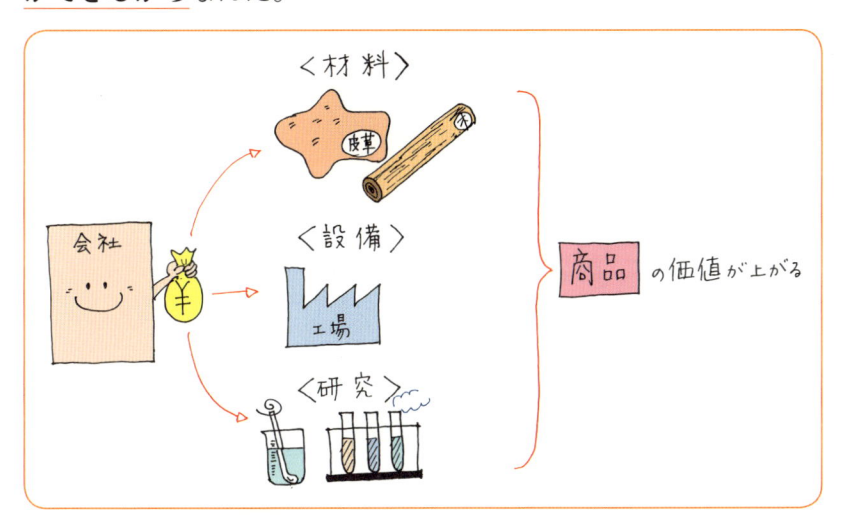

〈材料〉
〈設備〉
〈研究〉
会社
商品の価値が上がる

この、会社がお金を使うことで新しい価値を生み出していく
という過程の中で
お金が、材料や設備や労働など、いろんなものに形を変えていく
よね。

その材料や設備や労働が商品やサービスの価値を増加させるね。

価値の増えた商品やサービスが売られて
価値に見合うだけのお金を受け取ることで
会社は、増やした価値の分だけ儲けを得られるんだ。

このお金を調達して、お金がいろんなものに形を変えていって
商品やサービスの価値を増加させて
それが売れることによってまたお金が戻ってくる
という一連の動きを把握することが会計にほかならないんだ。

> ここがカギ
>
> 会計は、会社がお金を調達し、
> それが様々なものに使われることによって価値が増加され、
> それが売れることによってまたお金が戻ってくる
> という一連の動きを把握するものである。

回転

そして
お金が使われて、商品やサービスが生み出されて
それが売れることによって、またお金として戻ってくること
を「**回転**(かいてん)」というんだ。

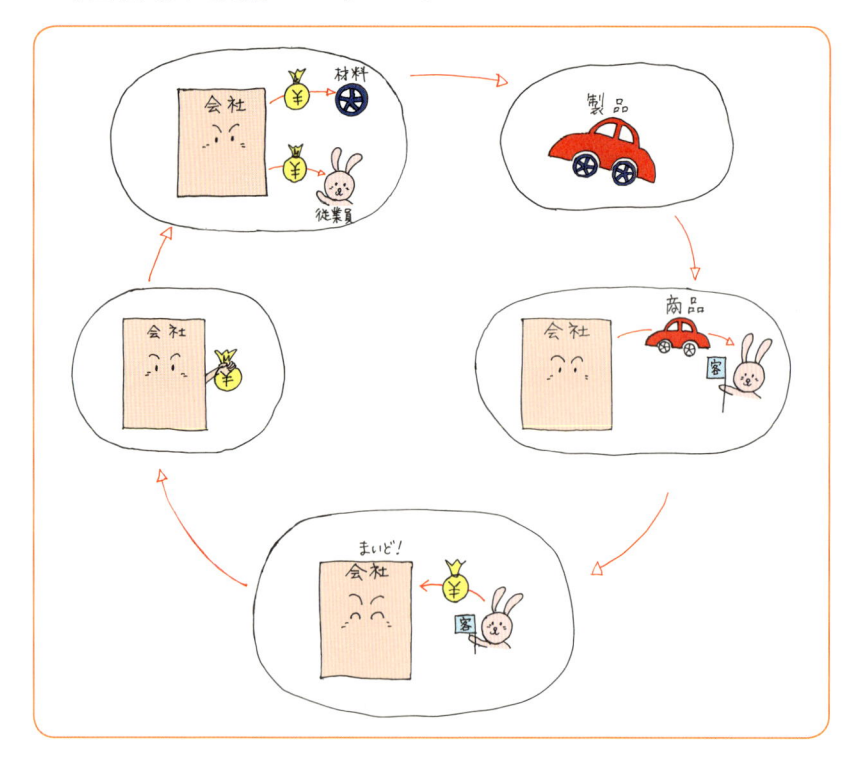

> **これはおぼえよう**
>
> 会社の手元にある資金が投資され、それによって商品やサービスが生み出され、それらが販売されることで会社に資金が戻ってくることを回転という。

この回転は、速いほどいいんだ。

回転が速いってどういうこと？

回転が速いというのは
手元にあったお金が、価値を生み出して再び会社に戻ってくるまでにかかる時間が短いってことなんだ。

例えば
株主から1,000円を預かって、その1,000円を使って製品を作って1,100円で売る会社が2社あったとするね。

A社は**半年後**に1,100円が返ってくるのに対して
B社は**1年後**に1,100円が返ってきたとしよう。

A社とB社ではどちらが株主のお金を有効に使っていると思う？

何となくA社のような気がするけど。

そうだね。

A社は、半年後に1,100円が返ってくるのだから
そのお金をまた次の事業に投資すれば
1年後には、1,100円×1.1＝1,210円になるよね。

B社の場合は、1年後にやっと1,100円になるだけだね。

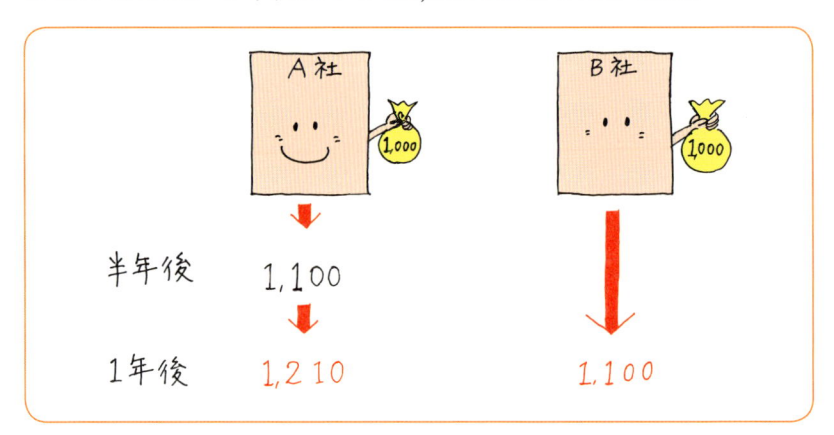

```
                A社                    B社
              (1,000)                (1,000)
                ↓
半年後        1,100                     ↓
                ↓
1年後         1,210                   1,100
```

つまり
A社もB社も、1,000円を1,100円に増やすという点では同じでも
A社のほうがB社よりも回転が速いから
1年後のお金は、A社のほうが多くなるんだ。

> **ここがカギ** 回転が速いほど、会社が増やすお金の量は多くなるため
> お金を効率的に使っているといえる。

うーん、わかったような気もするけど
イメージがわかないな。

具体的な話は、**複式簿記**（ふくしきぼき）のところで説明しよう。

ここでは
会計は会社のお金を増やしていく過程を表すものだ
ということを理解してくれればいいよ。

会計監査

このように、会計は、会社がお金を増やすプロセスを表すから
投資家や債権者は、会計情報をもとに
投資や融資をするかを判断するんだ。

> でも
> 社長の「絶対儲かります」って言葉も信用できないけど
> 会計情報が信用できるって保証はどこにあるの？

確かに、会社がたくさん投資してもらおうと思って
ウソの財務諸表を作ることも考えられるよね。

本来であれば、株主が自分で
財務諸表が間違っていないかどうかを調べてもいいのだけど
株主は世の中に散らばっているし、会社が難しい会計処理をしていることもあるから、株主が自分で調べることは不可能だよね。

そこで、上場している会社や一定の条件を満たす会社は
株主に代わって会計の専門家が
財務諸表がきちんと作成されているかを調べるんだ。

これを**会計監査**（かいけいかんさ）といって
会計監査は、**公認会計士**（こうにんかいけいし）によって
なされるんだよ。

これはおぼえよう

株主や債権者に代わって、財務諸表が適切に作成されているかどうかを調べることを会計監査という。

でも、公認会計士のいうことが信用できる保証は
　　　　どこにあるの？

それは難しい問題だね。

残念ながら、日本の会計監査は
まだ十分に信用されているとはいえないんだ。

今までにも、財務諸表が会社の実態を正しく表していないのに
公認会計士がその財務諸表を適正と証明してしまうということも
あったんだよ。

　　　　どうして、会計の専門家なのに
　　　　間違った証明をしてしまったの？

財務諸表は会社が作成するから
会社が本気で隠そうとした場合は
公認会計士がそれを見抜くのは難しいんだ。

またそれだけでなく、会計監査という制度自体が
まだまだ日本に根付いていないということもあるね。

日本では長い間、間接金融が主体だったから
会社が財務諸表を公開して、社会全体からお金を集めることに
積極的でなかったんだ。

だから、財務諸表が正しいかどうかを証明する会計監査自体
社会からあまり必要とされてこなかったんd。

会計監査という制度も、社会で必要とされて生まれたのでは
なくて、欧米の制度をそのまま輸入しただけだったんだよ。

それじゃあ、やっぱり
公認会計士のいうことも信用できないんじゃない？

でも、経済がグローバル化して
会社が銀行からだけでなくて、社会全体から
積極的にお金を集めるようになって
会計の重要性はとても高まっているんだ。

それにあわせて、会計数値の信頼性を保証する会計監査も
社会から本当に必要とされるようになったんだよ。

そうか。
会計が重要になれば、監査の必要性も高まるものね。

利害調整機能

会計には、ほかにも**利害調整**（りがいちょうせい）という
大切な役割があるんだ。

会社には、**株主や債権者のほかにも
いろんな人が関係している**よね。

例えば、会社から税金を集める国や地方自治体、それに従業員や
地域住民なども会社と密接な関係があるよね。

そうした利害関係者は
それぞれ**相互に利害が反することがある**んだ。

利害が反するってどういうこと？

株主は、たくさん配当がほしいよね。

債権者は、貸したお金がちゃんと返ってくるように
なるべく配当や給与は少なくして
会社からお金が出ていかないようにしてほしいから
株主や従業員とは利害が対立するよね。

税務署は税金を公平に納めてほしいから
会社の利益は不当に減らないようにしたいよね。

従業員は給料を増やしてほしいけど
給料が増えれば利益が減るから株主や債権者と対立するね。

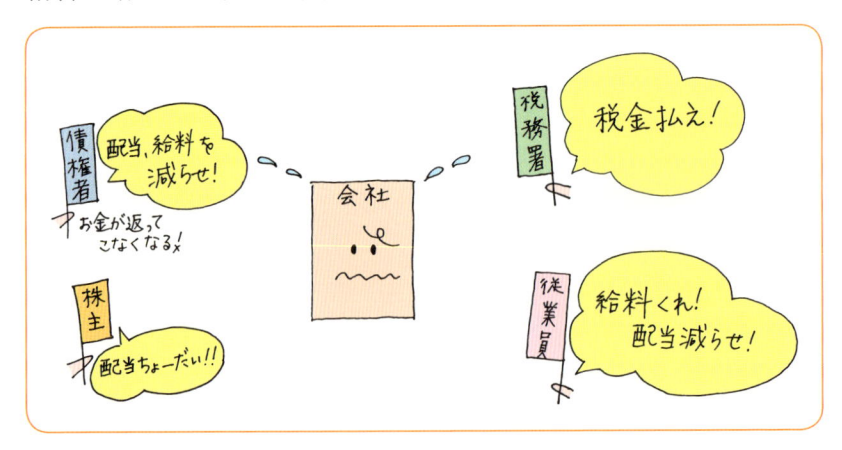

そうした利害関係者たちがお互いに納得するには
会社の状態や儲けに関する情報が公開される必要があるね。

<u>その情報を提供して利害を調整する</u>のも
会計の役割なんだ。

> 会社の利害関係者間では、相互に利害が衝突することがあり
> これを調整するのも会計の役割である。

会計と会社経営

次に、会計と経営の話をしておこう。

<u>経営者は、常に会計を意識して会社を経営するべきだ</u>
と、よくいわれるよね。

> それに、できるビジネスパーソンは会計をわかってないと
> いけないって話も聞いたことがあるよ。

そうだね。

でも、会計を意識して経営するといってもよくわからないよね。

ときには
できるだけ無駄遣いを省いてコストを切り詰めて経営することが
会計を意識した経営だと勘違いされることもあるよね。

えっ、そうなの。
てっきり、会計を意識した経営って
無駄遣いをしない経営のことかと思っていたよ。

もちろん無駄遣いはしないほうがいいのだけど
経営においては、将来のために
たくさんのお金を払って投資をすることもあるんd。

お金のことばかりを気にして、必要以上に出費を切り詰めて
より大きなビジネスチャンスを逃がしてしまっては
元も子もないからね。

会計を意識した経営は
無駄遣いをしない経営ということだけではなくて
株主や債権者から預かったお金が、今どのような状態にあって
自分の決定がどのように会社のお金を増やすことにつながるかを
意識して経営をするってことなんだ。

会社は、株主や債権者から預かったお金を、できるだけ早く
できるだけ多く増やす責任を負っているよね。

だから、経営者は
お金が価値を生み出していくプロセスのどの位置にあって
自分の決定によって、お金がプロセス上のどこに移動したのか
を把握していなければいけないんだ。

たとえていうと
飛行機を操縦するときの計器みたいなものだね。

　　　　飛行機の計器が会計と似ているの？

飛行機の計器は
自分が今どこを飛んでいて、どれくらいのスピードで
どの方向に向かっているかを示すものだよね。

会計もそれと同じで
会社の現在の状況や方向を把握するための指標
になるものなんだよ。

経営者は、なぜ株価を気にするのか

　　　　前から不思議に思っていたのだけど
　　　　どうして会社の経営者は
　　　　自分の会社の株価のことを気にしているの？

確かに、会社が株式を発行したあとは
株式の売買は、投資家の間で勝手に行われるから
株価がいくらだろうと、会社には関係がないようにも思えるね。

株価が下がったからといって
会社が得られるお金が、直接減るわけではないからね。

でも、実際には
株価は会社の経営に、とても重要な影響を及ぼすんだ。

その理由はいくつか考えられるけど
第一に挙げられるのは、株主の圧力だね。

株主の多くは、株価が上がって利益を得ることを望んでいるから
株価が低迷していると
怒って株主総会で経営者をクビにしてしまうおそれがあるんだ。

> えっ
> 株主が経営者をクビにできるの？

法律上は
株主は、経営者をクビにする権限を持っているんだ。

でも、特に日本では
最近は減ってきているけど、**安定株主** (あんていかぶぬし) が多くて
多少業績が悪くても経営者をクビにすることはないよね。

> 安定株主ってどういう意味？

複数の会社が、お互いに相手の株式を所有して
株価が下がったり、会社の業績が悪くなっても
相手の株を売らないし、経営者をクビにしたりしないような
株主のことだよ。

ということは
　　　経営者が株価を気にするのは、別の理由があるの？

会社が発行している株式の数に、株価をかけたものを
株式時価総額（かぶしきじかそうがく）というのだけど
この**株式時価総額は、会社の値段そのもの**なんだ。

例えば
株式を1万株発行している会社の株価が500円だったとすると
その会社の値段は500万円ってことなんだ。

　　　会社の値段？
　　　その値段を出せば、その会社を買えるってこと？

そうだよ。

つまり、500万円を持っている人は
理論上はその会社のすべての株を買い取って
会社を自分のものにすることができるんだ。

そこまでしなくても株式の過半数を持てば
原則として経営者をすべて入れ替える権利を得られるんだ。

株価がとても低かった場合
だれかが株を買い占めて経営者を入れ替えて
会社が持っている資産を切り売りすれば
株を買うのにかかったお金よりも多くのお金を
儲けることができるね。
あるいは会社を再建して、他に高く売ることもできるよね。

いずれにしても
株価が下がるということは、買収の危険にさらされる
ってことだから、経営者は株価に敏感なんだよ。

日本ではかつては安定株主が相互に株を持ち合っていて
株価が下がっても手放さなかったから
あまりこうした脅威はなかったんだ。

でも、会社の業績が悪くなってきて、株式を手放す動きが
加速しているから、こうした脅威が現実のものになってきたんだ。

経営者が株価を意識する他の理由としては
資金繰り(しきんぐり) が挙げられるね。

資金繰りってどういうこと？

資金繰りは、会社が必要なお金を調達することだね。

会社は、一度株を発行してしまえば
その後の株価には直接影響を受けないけれど
新たに資金を調達する場合に株価が問題になるんだ。

どうして？

新たに資金を調達するために新株を発行することがあるのだけど
その際に、現在の株価を参考にして新株の発行価額を決めるんだ。
例えば、現在の株価が１万円なら、新株の発行価額も
だいたい１万円になるんだ。

100万円を新規の株式発行で調達しようと思ったときに
発行価額が１万円なら、100株の発行で間に合うよね。
でも、現在の株価が100円で、発行価額も100円になったとしたら
１万株発行しないといけないよね。

会社が今まで発行した株式の数が２万株だったとしたら
100株発行するだけなら影響は少ないけど
１万株発行したら、全体の３分の１を占めてしまうね。

会社は、特に重要な事項を株主総会で決める際には
議決権の３分の２以上の賛成が必要なんだ。
だから、株式の３分の１を持たれたら
重要なことを決めることができなくて
実質的に経営を支配されてしまう危険もあるね。

その場合、会社としては
調達資金を減らすか、株主が増えることを我慢するしか
なくなってしまうんだ。

株式発行が無理なら
銀行からお金を借りたり
社債を発行したりすればいいんじゃないの？

株式発行ではなく、社債や銀行借入でお金を調達しようとしても
株価が低迷している会社は
<u>**利息を払えるだけのお金を儲けることができない可能性が高い**
から、あまり貸してくれないか、利息が高くなってしまう</u>んだ。

このように
株価が低いと、会社は思い通りにお金を集められなくて
会社の資金繰りに深刻な影響が及ぶんだ。

他にも、株価は会社の将来性を示す目安にもなるんだ。

将来性の目安？

投資家が会社の将来性を分析して、会社が成長して株価が上がる
と思えば、株を買う人が増えて株価が上がるよね。

逆に、会社に将来性がないと思えば、株を売る人が増えて
株価が下がるよね。

株価は、市場の雰囲気やうわさなどによっても変動するから
一概にはいえないけど
<u>**株価が高い会社は投資家に儲かると思われているってことだから**
将来性がある可能性が高い</u>よね。

だから
株価が高ければ、取引しようという相手も増えるし
優秀な人材も集まるし、会社としても経営がやりやすくなる
という効果があるね。

経営者が株価を気にするのは
いろんな要因があるんだね。

IFRSのココを押さえよう ❶

IFRSとは

会計の世界で今大きく注目されているのが
IFRS（イファース）だね。

IFRSは、International Financial Reporting Standardsの略で
国際会計基準のことなんだ。

> 国際会計基準？
> 国際的な会計の基準ってこと？

そうだね。

会計の制度は、国ごとに異なっていて
日本でも独自の会計制度があるのだけど
これを国際的に共通のものにしようというのが
IFRSなんだ。

> 国際的に共通のものにするってことは
> 日本でもアメリカでもイギリスでも
> 同じ会計制度にするってこと？

その通りだね。

> どうして同じ会計制度にしないといけないの？

その1　株式会社の仕組みと会計の役割

会社の株式を売買する投資家の立場からすると
例えば日本のA社とアメリカのB社のどちらに
投資すべきかを判断しやすいからなんだ。

会計基準が違うと、出てくる会計数値も変わってしまって
どちらが今後成長する会社なのかなどを判断できないからね。

そうか。
同じ基準で作られた会計数値なら
単純に比較できるものね。

そうだね。

つまりIFRSは、主にグローバルに投資する
投資家の要請で生まれたものだといえるんだ。

またグローバルに事業を展開する会社にとっては
IFRSによって共通言語でコミュニケーションできるようになる
ということもIFRS導入のメリットであるといえるね。

IFRSについてはいろいろと誤解されていることも多いんd。
例えば、日本の会計基準が根本から変わってしまう
というのがひとつの誤解だね。

日本の基準が国際基準に変わるっていうと
なんとなくそんな気がするよね。
実際にはあまり変わらないの？

そうなんだ。

それよりも、かつて行われた
会計ビッグバンといわれる制度改革のほうが
会社経営に与える影響は大きかったんだよ。

会計ビッグバンって
　　　　　すごい名前だね。

会計ビッグバンは、1999年ごろから行われた
一連の会計制度改革のことなんだ。

当時の日本の会計基準は、日本独自の要素が強くて
海外の会計基準との違いが大きくて、同じ科目を比較しても
ほとんど意味がないくらいだったんだよ。

それを、主にアメリカの会計基準に合わせるかたちで
変革していったんだ。

会社経営や社会に対する影響も非常に大きかったから
会計ビッグバンと呼んでいたんだ。

　　　　　IFRSは、会計ビッグバンほどの
　　　　　影響はないってこと？

会計ビッグバンのときに
主にアメリカの会計基準に合わせるように
日本の会計基準を改革していったから
今ではアメリカの会計基準と日本の会計基準は
ほぼ同じになってきているんだ。

またIFRSとアメリカの会計基準も
当初はいくつか差異があったのだけど
アメリカの会計基準がIFRSに歩み寄るかたちで
今ではほぼ同じになりつつあるんだ。

その1　株式会社の仕組みと会計の役割

それに合わせて日本の会計基準も
少しずつ変えてきているから
今では、日本の会計基準とIFRSは
かなり近いものになってきているんだよ。

そうか。IFRSが導入されるんなら
日本の会計制度を学んでも意味がないと思ったけど
そうではないんだね。

日本の会計基準も、IFRSも
アメリカやその他の国の会計基準も
根本的な仕組み自体は同じなんだ。

だから急いでIFRSを学ぼうとするよりも
まずは日本の会計基準をしっかりと学んだほうがいいんだよ。

また他にも、すべての会社にIFRSが適用されるとか
早急にIFRSの準備をしなければならないというような
誤解も多いから、このコラムを通じて
その誤解やIFRS導入による変化・影響について説明していくね。

その2 複式簿記

うーん、難しいなあ。

何を読んでいるんだい？

会計が大事だっていうから、**簿記**（ぼき）の本を買って読んでいるんだ。
でも、簿記ってつまらないし、面倒くさそうだね。

こういった取引があったときには
この方法で記録するっていうパターンを
全部おぼえないといけないみたいだし。

いやいや、そんな必要はまったくないよ。

それどころか、<u>**簿記の細かいことをおぼえてもほとんど役には立たない**</u>んだ。

えっ
簿記が役に立たないって
どういうこと？

簿記というのは、帳簿記入の略なのだけど
その名の通り、「<u>**取引を記入する方法**</u>」にすぎないんだよ。

経理を担当している人は、簿記の細かい知識が必要だけど
**会計を利用して、会社の状態や将来を読み取ろうとする人
にとっては、簿記の細かい知識は必要ない**んだ。

> それじゃあ
> 簿記の勉強をする必要はないんだね！

基本的な仕組みは理解しておく必要はあるよ。

**簿記は、記録の仕方だから
「会計数値が、どのように記録されて作り出されたものなのか」
をわかっていないと、会計数値の意味がわからない**からね。

要は、細かい処理の方法をおぼえる必要はないってことなんだ。

処理の方法をおぼえるよりも
**簿記によって会計処理された数値が、会社にとってどういう意味
があるか**を理解するほうが、よっぽど大事なんだよ。

だから、ここでは、簿記の基本的な仕組みだけを簡単に説明して
そのうえで、もっと本質的な
簿記によって処理された会計数値の意味や
会計がいかに会社の状態や活動を表現しているのか
ということを説明しよう。

> **ここがカギ**
> 簿記は記録の仕方であり、簿記の細かい処理をおぼえても
> 会計数値を読めるようにはならない。
> 大事なのは、簿記によって処理された数値の意味を理解する
> ことである。

取引の種類

初めに、前に説明した
会社が価値を生み出してお金を増やしていくプロセス ← p.40参照
を思い出してみよう。

会社は、**株主や債権者からお金を預かって**
材料や従業員や設備に投資することで価値を生み出して
商品やサービスを販売することで、投資した以上のお金を
回収しているよね。

その活動を表すのが
会計の役割って話だったよね。

このような会社の活動を簿記では「**取引**（とりひき）」
というのだけど、この取引はお金の**調達**（ちょうたつ）
お金の**投資**（とうし）、お金の**回収**（かいしゅう）
の3つに分けられるんだ。

上のプロセスに合わせていうと
株主や債権者からお金を預かることが「調達」
お金を使って価値を生み出すことが「投資」
生み出された商品やサービスを販売することが「回収」
にあたるね。

> **ここがカギ** 取引は、お金の調達、投資、回収の3つに分けられる。

その2 複式簿記

取引の二面性

これらの取引には、それぞれ2つの側面があるんだ。

2つの側面ってどういうこと？

会社がお金を調達したり、投資したり、回収したりする場合
当然、会社のお金が増えたり減ったりするね。

そうした**お金の増減**が、ひとつの側面なんだ。

そうか。
お金の増減を記録しておけば
今お金がいくらあるか、わかるものね。

会計の役割は、それだけではないよね。

会計は、会社が将来どれだけお金を増やすことができるか
今までにどれだけのお金をどのように増やしてきたのか
を示すものだよね。

だから、会計は
「今お金がいくらあるか」を記録するだけではだめで
そのお金がどこから来て、何に使われて、どういう状態にあるか
という情報も記録する必要があるんだ。

> ここがカギ
> 会計は、お金の増減だけでなく、そのお金がどこから来て、何に使われて、どういう状態にあるか、という情報も記録する必要がある。

うーん、イメージがわかないなあ。

それじゃあ、さっき説明した3種類の取引に即して考えてみよう。

調達取引

まず、**調達取引**（ちょうたつとりひき）だね。

会社が株主や債権者から
お金を預かる取引のことだね。

会社がお金を調達する場合、当然<u>会社のお金が増える</u>ね。
この、**お金の増加**がひとつの側面なんだ。

でも、同じお金を集めるのでも
株主から集めるのと、債権者から集めるのとでは
意味が大きく違うよね。

どうして？

株主は会社の持ち主だから
株主から集めたお金は、会社のものになるよね。

でも、債権者は会社の持ち主ではないから
債権者から集めたお金は、会社のものではないし
当然、会社は債権者にお金を返す必要があるよね。

そこで、調達取引でお金が増えた場合
<u>**そのお金がどこから集めたもので、だれのものなのか**</u>
を記録しておく必要があるよね。

この**集めたお金の帰属先**が、もうひとつの側面なんだ。
債権者からお金を借りた場合には、お金を返す義務
を示すことにもなるね。

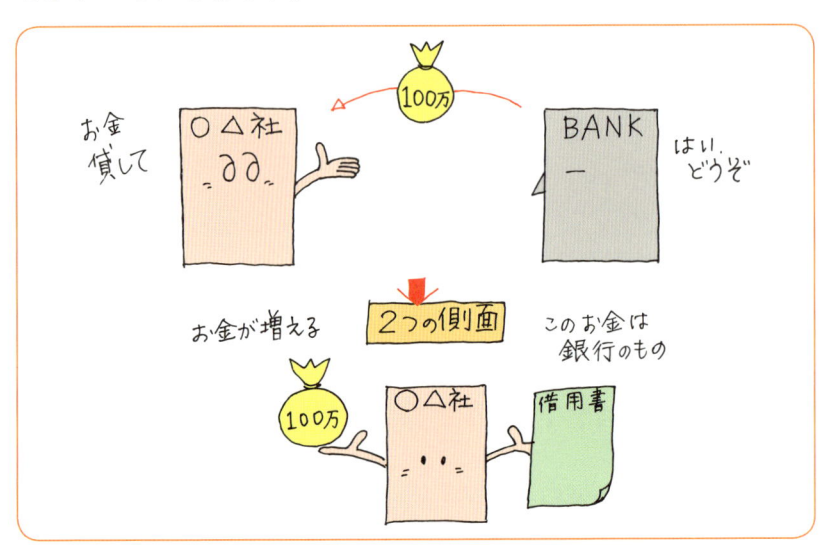

> 調達取引における二面性は、お金の増加と、
> お金の帰属先である。

投資取引

次に、**投資取引**（とうしとりひき）を考えてみよう。

投資取引は、会社が商品やサービスの価値を増加させるために
お金を使うことだね。

会社がお金を投資する場合、会社のお金が減るよね。
この**お金の減少**がひとつの側面なんだ。

でも、会社がお金を使う場合は
ただ会社からお金が流出してしまうのではなくて
お金が給料や工場などに姿を変えるよね。

だから、投資取引におけるもうひとつの側面は
お金が何に変化したかになるんだ。

どういうこと？

例えば、会社が給料を払う場合、お金は減ってしまうけど
そのお金は給料に姿を変えて、商品やサービスの価値を
高めるよね。

そうすると、ひとつの側面がお金の減少で
もうひとつが給料になるね。

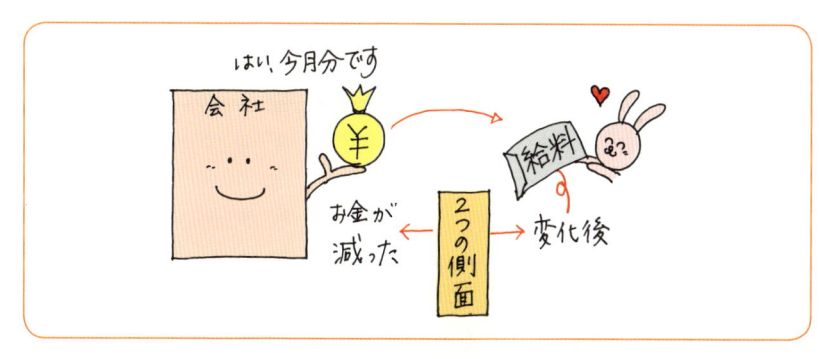

> **ここがカギ** 投資取引における二面性は、お金の減少と、
> お金が何に変化したか、である。

回収取引

最後に、会社がお金を回収する**回収取引**（かいしゅうとりひき）
を考えよう。

> 会社が商品やサービスを売って
> お金を回収することだね。

会社が商品やサービスを販売すると、会社のお金が増えるね。
このお金の増加が、ひとつの側面になるんだ。

> 調達取引と同じだね。

そうだね。

調達取引と違うのは、この増えたお金は
会社が事業活動で生み出した価値に対するものだから
会社の成果であって、お金は会社のものになるという点だね。

調達取引では、もうひとつの側面は
お金をだれから調達したのか、つまりお金の帰属先を
示していたね。

これに対して、回収取引のもうひとつの側面は
会社のどのような活動によって、成果としてお金が増えたのか
ということなんd。

物を売って、お金を回収した場合には
「商品を売り上げたこと」になるね。

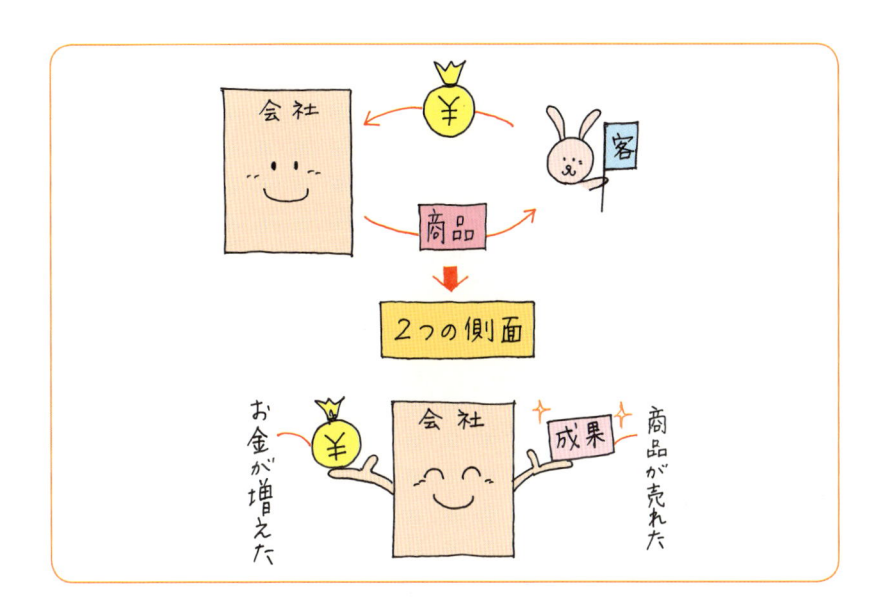

ここがカギ 回収取引における二面性は、お金の増加と、その増加をもたらした原因である会社が生み出した成果である。

複式簿記の仕組み

でも、ひとつの取引に2つの側面があるのにどうやってそれを記録するの？

それが**複式簿記**（ふくしきぼき）の仕組みなんだ。

複式簿記の「複」というのは、2つという意味なんだ。

つまり、複式簿記は
取引における2つの側面を、同時に記録する技術なんだよ。

どうすれば
一度に2つの情報を記録することができるの？

具体的には、複式簿記は、**その2つの側面を
借方（かりかた）と貸方（かしかた）に、それぞれ別の勘定科目
（かんじょうかもく）で表現する**んだ。

> **ここがカギ** 複式簿記は、取引に関する2つの側面を、借方と貸方に
> それぞれ別の勘定科目で表現する技術である。

借方？　貸方？
勘定科目？

どういう意味？

例を挙げて説明するね。

ここでは
会社が銀行から100円借りることを考えてみよう。
調達取引においては、お金の増加と、返済義務の増加が
2つの側面になるね。

お金の増加を考えると、**会社のお金が100円増えている**よね。

もうひとつの側面は
そのお金は銀行のもので、銀行に100円返さなければいけない
ということだね。

この2つの情報を
複式簿記では次のように記録するんだ。

70

> （借方）現金　100　　　（貸方）借入金　100

左側に「現金　100」と書いてあるね。
これは、**現金が100円増えたという情報を表している**んだ。

右側には「借入金　100」があるね。
これは、**お金を社外からの借入で調達したから
将来この100円を返さないといけない、という状態を示している**
んだ。

> どうして「現金　100」
> と書くだけで、お金が増えたってわかるの？

あとで説明するけど
現金は左側に書いたときは増加、右側に書いたときは減少
と決まっているんだ。

このように、取引を、**勘定科目**（かんじょうかもく）を用いて
借方、貸方に記録することを**仕訳**（しわけ）というんだ。

借方と貸方

> 借方、貸方ってどういうこと？

借方、貸方って変な名前だけど
実はこれは、**左、右**っていう意味であって
それ以上何も深い意味はないんだ。

借りるとか、貸すとか、そういうことを考えるとわけが
わからなくなってしまうし、そもそも本当に意味がないんだ。

その2　複式簿記

だから、借方は左、貸方は右とおぼえてしまっていいんだよ。

> だったら、左、右って
> いえばいいじゃん。

それはその通りだね。
だから強引におぼえてしまおう。

かりかた、かしかた、の「り」と「し」に注目すると
「り」は左にスッと伸びていて
「し」は右にスッと伸びているね

だから、借方は左、貸方は右、とおぼえておこう。

> ふーん、本当に意味はないんだね。

借方、貸方、という呼び方には、まったく意味はないけど
複式簿記において、左（借方）か、右（貸方）か、というのは
まったく意味が違うんだ。

> どういうこと？

実は、借方は、**お金がどういう状態にあるか**を示すもので
貸方は、**お金が増えた原因**を示すものなんだ。

この点は重要だから、きちんとおぼえておこう。

> **これはおぼえよう**
>
> 借方とは左のことであり、貸方とは右のことである。
> 借方は、お金がどういう状態にあるかを示すもので
> 貸方は、お金が増えた原因を示すものである。

貸借の一致

また、ひとつの取引の借方と貸方は
必ず金額が一致するんだ。

そういえば、さっきの仕訳は
借方が現金100、貸方が借入金100で一致していたね。

どうして必ず一致するの？

会社のお金が増えたり減ったりする場合
理由もなく増減することはないよね。

お金が増える場合には、どこからか調達したかもしれないし
売上によって回収したかもしれないけど
いずれにしても、必ずお金が増えた理由があるよね。

また、お金が減る場合にも、そのお金は
何か別のものに姿を変えるはずだね。

つまり、仕訳の貸借は
ひとつのお金の動きを、2つの側面から見たものだから
金額は必ず一致するんだ。

さっきのお金を借りる例でいえば
借方の現金の増加も、貸方の借入金の増加も
同じ「100円」を2つの側面で見ただけだから
どちらも金額は、100円で一致するんだ。

> **ここがカギ** 仕訳の借方の金額と貸方の金額は、必ず一致する。

勘定科目

> 勘定科目（かんじょうかもく）って
> この現金や借入金のことなの？

そうだよ。

勘定科目にはいろいろあるけど
お金そのもの
お金が増えたり減ったりした原因を示すもの
お金が今どのような状態にあるのかを示すもの
などがあるんだ。

> 勘定科目って、いくつくらいあるの？

勘定科目には

多くの会社が共通に使っているものもあるけど
会社が自由に決めてもかまわないから
細かく取引を管理しようとする会社には、数百の勘定科目がある
ことがあるね。

数百？
それを全部おぼえないといけないの？

別に勘定科目をおぼえる必要なんてないんだよ。

大切なのは
勘定科目には5つの種類があるってことなんだ。

5つの種類？

ほとんどすべての勘定科目は
資産、負債、資本、収益、費用
のどれかにあてはまるんだ。
例外もあるけど、それは考えなくていいよ。

そして、勘定科目の種類によって
借方に位置する科目（**借方科目**）か
貸方に位置する科目（**貸方科目**）かが決まっているんだ。

具体的には、資産と費用が借方科目で
負債と資本、それに収益が貸方科目なんだ。

> **ここがカギ** 勘定科目には、資産、負債、資本、収益、費用の5種類が
> あり、それぞれ借方科目か貸方科目かが決まっている。

さっきの例でいえば
現金は資産で、借方科目だから
借方にあればプラス、貸方にあればマイナス
ってことなんだ。

> だから、現金が左にあれば増加、右にあれば減少だってことがわかったんだね。

そうだね。

給料は費用で、資産と同じく借方科目だから
借方にあるとプラスということだね。

（借方） 給料　　100	（貸方） 現金預金　100
↑	↑
給料は費用であり借方科目のため、100の増加	現金預金は資産であり借方科目のため、100の減少

ここがカギ
勘定科目には借方科目と貸方科目がある。
借方科目は、借方にあれば増加、貸方にあれば減少を表す。
逆に、貸方科目は、借方にあれば減少、貸方にあれば増加を表す。

次に
資産、負債、資本、収益、費用のそれぞれの意味を説明しよう。

資産

まず**資産（しさん）**からだね。

さっきの「現金」は、資産だったよね。

そうだね。
お金そのものは、資産の代表的なものだね。

資産には、お金だけでなく
将来お金になるものも含まれるんだ。

例えば
会社がだれかにお金を貸してあげた場合
そのお金は、いつか会社に戻ってくるよね。

この場合は
「**貸付金（かしつけきん）**」という勘定科目で
会社がお金を受け取る権利を示すんだ。

貸付金が100円あるということは
将来会社に、100円のお金が入ってくるということ？

そうだね。

他にも、例えば会社が販売するために保管している商品なども
資産に含まれるんだ。
この商品も、**販売することで、会社にお金が入ってくる**よね。

つまり、資産は
将来、会社にお金の増加をもたらすものなんだよ。

資産は借方科目だから
借方にあれば増加、貸方にあれば減少を示すんだ。

> **これはおぼえよう**
>
> 資産とは、将来、会社にお金の増加をもたらすものをいう。

本当は、会社にお金の増加をもたらすものが
すべて資産になるわけではないのだけど
その点については5章（その5）で説明しよう。

負債

次は**負債**（ふさい）だね。

負債は、**資産と逆**だと思ってくれればいいよ。

> 逆っていうと
> 将来、会社のお金が減ってしまうってこと？

そうだよ。

例えば、会社が銀行からお金を借りたとするね。
この場合、会社は、将来のいつかの時点で
銀行に借りたお金を返さなければならないよね。

この、**将来のお金の減少**を
借入金（かりいれきん）という負債の勘定科目で示すんだ。

> **これはおぼえよう**
>
> 負債とは、将来、会社にお金の減少をもたらすものをいう。

また、負債は将来のお金の減少を示すと同時に
過去における、お金の増加の原因も示すね。

> お金の増加の原因って
> お金を借りたってこと？

そうだね。

このように、負債は過去にお金が借入によって増加したこと
そして、将来その借入を返すためにお金が減ってしまうことを
示すんだよ。

> ということは、借入金が100円ある場合は
> 過去に借入によってお金が100円増えたということと
> 将来お金を返すために会社から100円出ていってしまう
> ことを示しているんだね。

その通りだね。

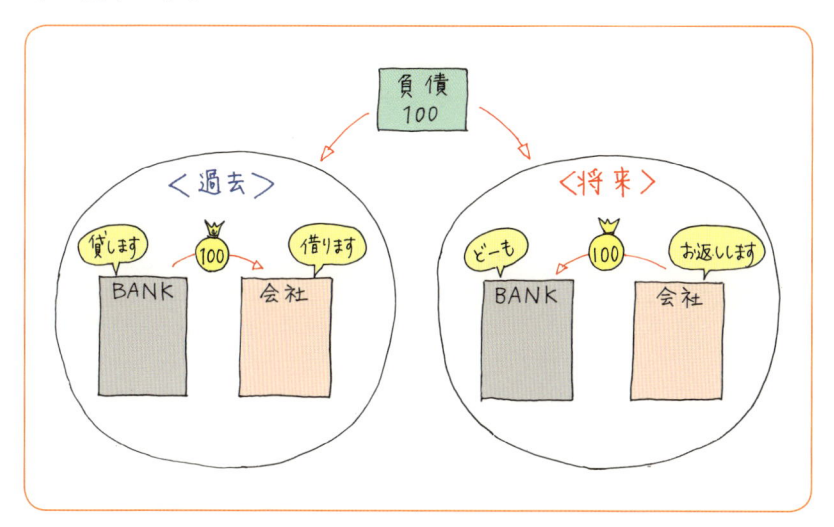

負債は貸方科目だから
貸方にあれば増加、借方にあれば減少を示すんだ。

あれ？　おかしいな。
この簿記の本には
資産はプラスの財産、負債はマイナスの財産
って書いてあるよ。

確かに
簿記のテキストなどでは
そういった説明がされていることが多いね。

資産にはお金や権利が含まれるし
負債は借金などの義務が含まれるから
プラスの財産、マイナスの財産っていう定義も間違いではないね。

それに
一般的な用語のイメージとも一致しているしね。

でも
資産をプラスの財産、負債をマイナスの財産ととらえていると
会計数値を正しく読むことはできないんだ。

資産や負債は
あくまで「将来のお金の増減」の観点で
理解しておいたほうがいいよ。

なぜそうなのかは、あとで説明するね。

資本

次に**資本**（しほん）だけど
これは慣れるまで、ちょっと難しいかもしれないね。

資本は、**株主の持っている部分**を意味するんだ。

資本は**純資産**（じゅんしさん）ともいうね。

株主が持っている部分？
会社の全部が、株主のものではないの？

会社は
株主からお金を投資してもらっているだけではなくて
銀行などの債権者からもお金を借りているよね。

債権者は
会社が儲からなくても、利息と元本は優先的に受け取れるね。

だから
会社はすべて株主のものというわけではなくて
会社が借金を返した残りが、株主の持っている部分になるんだ。

実際には
会社が借金を返した残りには
必ずしも株主のものにはならない部分もあるのだけど
この点についてはあとで説明するね。

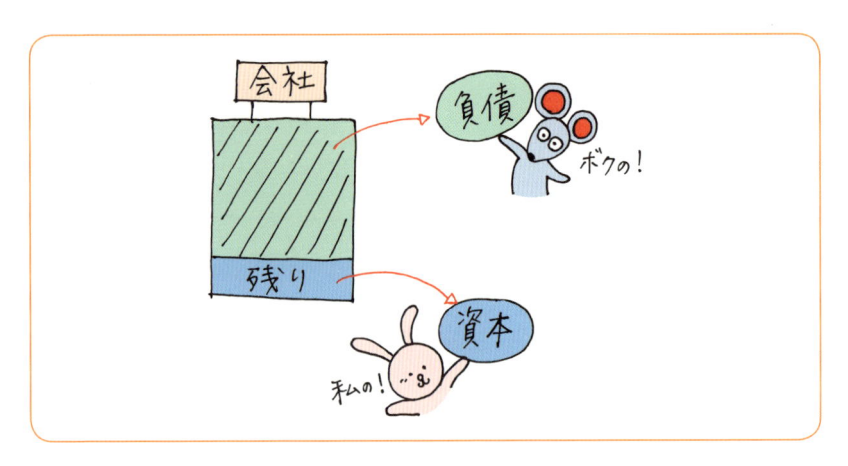

この、株主の持っている分を**持ち分**(もちぶん)といって
持ち分を示すのが資本なんだ。

将来のお金の増加から、将来のお金の減少を引いた残りが
会社の持ち主である株主のものになるってことだね。

> **これはおぼえよう**
>
> 資本とは、資産から負債を引いたもので、株主の持っ
> ている分を示す。この株主の持っている分を持ち分という。

資本は2つの要素から成り立っているんだ。

ひとつは
株主が会社に投資した部分だね。

もうひとつは
**今まで会社が事業活動を行ってお金を増やしてきた部分のうち
配当せずに貯めてきた部分**なんだ。

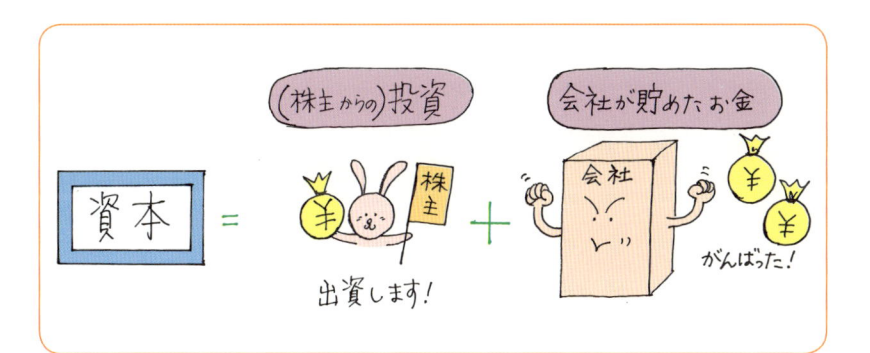

このどちらも
株主の持ち分を示すものなんだよ。

株主が自分で投資した部分が、株主の持ち分だってことは
わかるけど、どうして会社が貯めてきた部分も
株主のものになるの？

会社は、利益のすべてを株主に配当してもいいのだけど
将来の事業拡大のために、すべては配当せずに会社に貯めておく
んだ。

これを**内部留保**（ないぶりゅうほ）というのだけど
これは、本来であれば株主に支払われるものを
支払わずに貯めておいたものだから
株主のものだといえるんだよ。

> **これはおぼえよう**
>
> 資本は、株主が払い込んだ部分と
> 会社が今まで増やしてきたお金で配当していない部分からなる。

それから、注意してほしいことは
資本は、負債と同じく貸方科目なんだ。

あれ、資本と負債が同じ貸方科目なの？

株主が出資したり、会社が貯めてきたお金は
資産なんじゃないの？

そこがちょっと難しいところなのだけど
資本の勘定科目が示している金額は
実際にあるお金の金額ではなくて、あくまで
株主が払い込んだ金額や、会社が留保した金額
のことなんだよ。

つまり
資本金1,000万円の会社、といっても
会社の金庫に1,000万円あるわけではなくて
単に過去に株主が払い込んで資本にあてた金額が
1,000万円だったということなんだ。

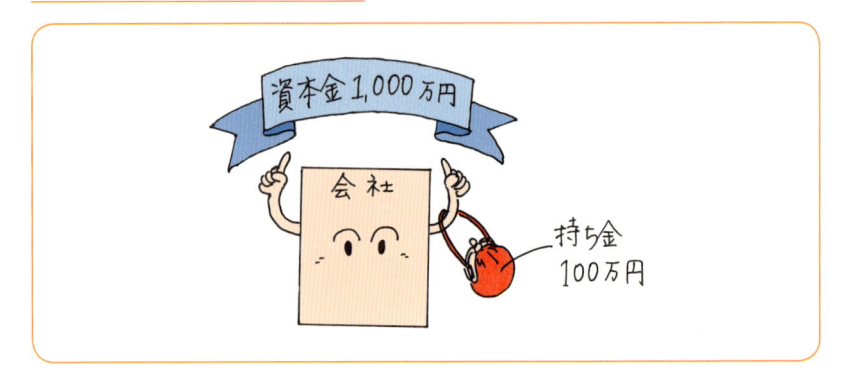

資本の金額は
お金がどのように調達・確保されたかを示すだけで
実際にあるお金とは無関係なんだよ。

うーん、よくわからないな。
実際にあるお金とは無関係ってどういうこと？

じゃあ負債を考えてみようか。

負債も資本も
貸方科目で、<u>会社のお金が増えた原因を示す
という意味では同じ</u>なんだ。

例えば
銀行から100万円借りてきたとして
その会社が本当に現金で100万円持っているのは
多分借りてきたその日くらいだよね。

借りてきたお金で物を買ったり、給料を支払ったりして
お金は、すぐに別の資産や費用に姿を変えてしまうね。

それと同じことで、資本の金額も
会社を設立したばかりのときは
それだけのお金が会社にあるかもしれないけど
すぐに別の資産や費用に変わってしまうんだ。

だから、負債も資本も
今あるお金とは無関係に、過去にお金を調達したときに
「いくら調達したのか」を示す
にすぎないんだよ。

> **ここがカギ** 資本の金額は、会社に実際にある現金の額とは関係がない。

収益

次に**収益**（しゅうえき）だね。

収益も貸方科目だから、負債や資本と同じように
会社のお金がなぜ増えたのかを示すものなんだ。

負債や資本と違うのは
会社の事業活動の成果としてお金が増えた
という点だね。

事業活動の成果ってどういうこと？

事業活動の成果は
会社が生み出した価値の対価として
お金を回収することを意味するんだ。

例えば
会社が事業を行って、商品の価値を高めて
がんばって商品を売ることでお金を増やすことができるね。

この増えたお金は
会社が自分で生み出した価値に対するものだから
負債と違って返す必要はないよね。

> あ、そうか。
> 銀行からお金を借りてもお金は増えるけど
> 借りたお金は、会社が価値を生み出して得たものじゃない
> から返す必要があるんだね。

資本も株主から預かったお金であって
会社が自ら獲得した成果ではないね。

収益は、会社が自分で獲得した事業活動の成果を
意味するんだ。

これはおぼえよう

> 収益は、会社が生み出した価値の対価として
> お金が増えることであり、事業活動の成果を意味する。

収益に似た言葉として、収入があるね。
収入は、**お金が入ってくること**を意味するんだ。

> あれ
> 収益と収入って違うの？

**収益は、最終的にはお金の増加をもたらすのだけど
実際のお金の増加と同じではない**んだ。
この点については、次の章で詳しく説明するね。

ここでは、収益と収入が違うということだけ
おぼえておいてくれればいいよ。

費用

最後は**費用**（ひよう）だね。

費用は
収益を得るために、お金を使うことを意味するんだ。

費用には、例えば
商品の購入や、給料、光熱費の支払いなどが含まれるね。

この使われたお金は、商品やサービスの価値を高めて
価値が追加された商品が売れる、つまり収益が計上されることで
お金として回収されるんだ。

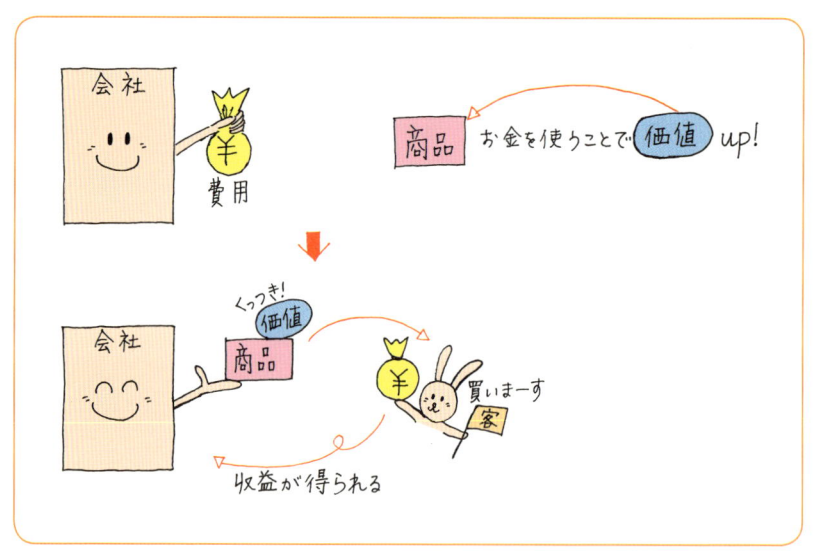

> **これはおぼえよう**
> 費用とは、収益を得るためにお金を使うことをいう。

また、費用と似たものとして、支出があるね。
収益と収入の関係と同じで、費用と支出も、違うものなんだ。

支出って、お金を使うことだよね。

そうだね。

詳しくは、次の章で説明するけど
過去や将来のお金の支出が、現在の費用になることがあるんだ。

ここでは、費用と支出が違うということだけ
おぼえておいてくれればいいよ。

資産と費用の関係

ここで、資産と費用の関係について
説明しておこう。

実は、**資産と費用はとても似たもの**なんだ。

えっ？
資産と費用が似ているの？

資産は会社のお金を増やすもので、
費用はお金が減るものだから、反対じゃないの。

ところが
資産も費用もともに借方科目だよね。
だから、資産も費用もお金が姿を変えたものだといえるんだ。

お金が減る場合の仕訳を考えてみると
現金は資産で借方科目だから
お金が減る場合には、現金が貸方に計上されるね。

その場合の借方科目
つまり、お金が減った結果、増えたものとして
資産と費用が使われるんだ。

| （借方） | 資産 | 100 | （貸方） | 現金預金 | 100 |

　　　　　↑
　　お金が資産に姿を変えた

| （借方） | 費用 | 100 | （貸方） | 現金預金 | 100 |

　　　　　↑
　　お金が費用に姿を変えた

あ、そうか。
確かに、建物を買ってもお金は減るし
給料を支払ってもお金は減るね。

でも、資産と費用が似てるなんて
なんか変だよ。

前に説明した、会社がお金を増やすプロセスを考えてみよう。

←　p.40参照

会社は、株主からお金を預かったり銀行からお金を借りたりして
事業に必要なお金を調達するよね。

そして、物を買ったり費用を払ったりするために
調達したお金を使っていくね。

ここで大事なことは
**会社がお金を使うのは、それ以上にお金が入ってくることを
見込んでいるから**ということなんだ。

例えば、会社が設備を買った場合
その設備を使って製品を作って、製品の価値を高めて売ること
を目的としているよね。

従業員に給料を払うのだって
給料を支払うことで、従業員が働いてくれて
製品を作ったり商品を売ったりして
払った給料よりも多くのお金を稼いでくれることを
期待しているよね。

つまり、**会社が資産や費用としてお金を払った分は
実際に物が売れて、収益が計上されて
最終的にお金として回収されるはず**なんだ。

> **ここがカギ** 会社がお金を払うということは、払った額以上のお金を
> 将来回収できると見込んでいることを意味する。

費用も資産も、会社がお金を支払った場合に発生するね。

ということは、費用も資産も、その金額以上に
お金が増えることが見込まれているっていう点で
共通しているんだ。

> **ここがカギ** 費用と資産は、計上された金額以上にお金が増えることが見込まれているという点で共通する。

費用と資産が似ているのはわかったけど違いはどこにあるの？

それについては、次の章で詳しく説明するね。

損益

そして、収益から費用を引いたものを
損益（そんえき）というんだ。

収益のほうが費用よりも大きい場合、損益はプラスになるよね。
この<u>プラスの損益</u>を**利益**（りえき）というんだ。

逆に、費用のほうが収益よりも大きい場合
<u>マイナスの損益</u>を**損失**（そんしつ）というんだ。

損益の数字が何を意味するかについては
6章（その6）で詳しく説明するね。

> **これはおぼえよう**
> 収益から費用を引いたものを損益という。
> プラスの損益を利益、マイナスの損益を損失という。

財務諸表

　勘定科目に5種類あるのはわかったけど
　どうしてこんな面倒なことをするの？

　どうして一つひとつの取引を
　わざわざ記録しなければならないの？

取引を記録する目的をひと言でいうと
財務諸表（ざいむしょひょう）（F/S、Financial Statements）
（決算書ともいう）を作成するためだね。

　財務諸表って何？

会計の役割は、投資家や債権者などに
会社が将来どれだけ効率的に、どれだけのお金を増やすことが
できるかを予測するための情報を提供することだったね。

　　　　　　　　　　　　　　　　　　← p.37参照

財務諸表は
その情報を株主や債権者などに伝えるための書類のこと
なんだ。

会社の活動は複雑で量も多いから
取引を仕訳の形式で記録して
勘定科目ごとにデータをまとめて表にして
株主や債権者などに提供しているんだよ。

> **ここがカギ**
> 会社の活動は複雑で量も多いため
> 勘定科目ごとにデータをまとめた財務諸表によって
> 株主や債権者などに情報を提供している。

その2　複式簿記

財務諸表には
貸借対照表（たいしゃくたいしょうひょう）
損益計算書（そんえきけいさんしょ）
キャッシュフロー計算書の３つがあるんだ。

> なんだか難しそうな名前だね。
> どういう意味なの？

貸借対照表は、<u>**ある時点の残高**（ざんだか）**を示す財務諸表**</u>で
損益計算書とキャッシュフロー計算書は
<u>**ある期間の増減を示す財務諸表**</u>なんだ。

もう少し詳しくいうと
貸借対照表は、<u>**ある時点に、資産・負債・資本が**
どれだけ残っているか</u>を示すもので
損益計算書は、<u>**ある期間**（きかん）**に**
費用・収益がどれだけ発生したか
つまり、損益がどれだけ増減したか</u>を示すものなんだ。

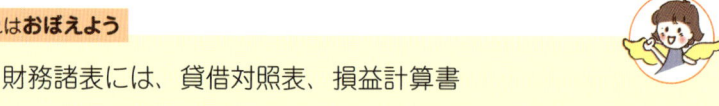

> **▎これはおぼえよう**
>
> 財務諸表には、貸借対照表、損益計算書
> キャッシュフロー計算書がある。
> 貸借対照表は、ある時点に、資産・負債・資本がどれだけ
> 残っているかという状態を示す財務諸表で
> 損益計算書は、ある期間に、費用・収益がどれだけ発生した
> かという損益の増減を示す財務諸表である。

> あれ、キャッシュフロー計算書は？

キャッシュフロー計算書はちょっと特別で
貸借対照表や損益計算書では表せない
お金の増減に関する情報を示す財務諸表なんだ。

これについては、『理解編』の"キャッシュフロー計算書"
で詳しく説明しよう。　　　　　　　　　← 『理解編』p.11参照

　　　勘定科目の種類によって
　　　載る財務諸表が違うんだね。

そうだね。

実は、勘定科目は、ストック科目とフロー科目に
分けられるんだ。

　　　ストック科目？　フロー科目？

ストック科目は、資産、負債、資本のことで
ある時点にどれだけ残っているかを示すものなんだ。

フロー科目は、費用、収益のことで
ある期間にどれだけ増減したかを示すものなんだ。

> **これはおぼえよう**
>
> 勘定科目は、ストック科目とフロー科目に分けられる。
> ストック科目は、ある時点にどれだけ残っているかを
> 示すもので、資産、負債、資本が該当する。
> フロー科目は、ある期間にどれだけ増減したかを示すもので
> 費用、収益が該当する。

その2　複式簿記

貸借対照表は、時点の情報を示すものだから
ストック科目である資産、負債、資本が記載されて
損益計算書は、期間の情報を示すものだから
フロー科目である費用、収益が記載されるんだ。

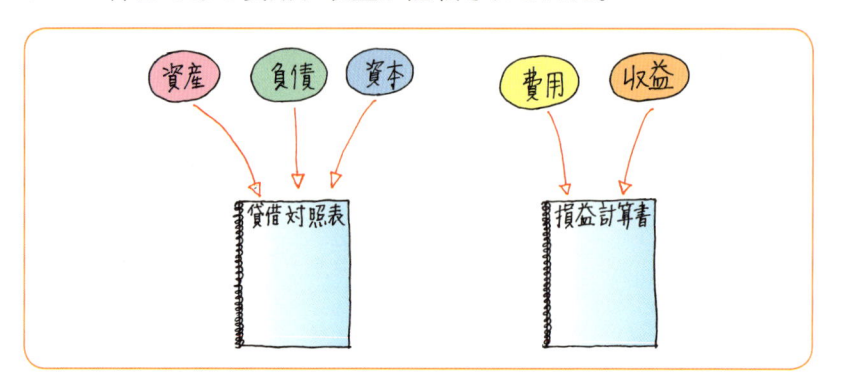

う〜ん
よくわからないな。
時点、期間ってどういう意味なの？

例を挙げて説明しよう。

会社が4月1日の時点で、お金を100円持っていたとするね。

そして
4月1日から4月30日までの間に
その100円を使って商品を仕入れて
それを150円で売ったとしよう。

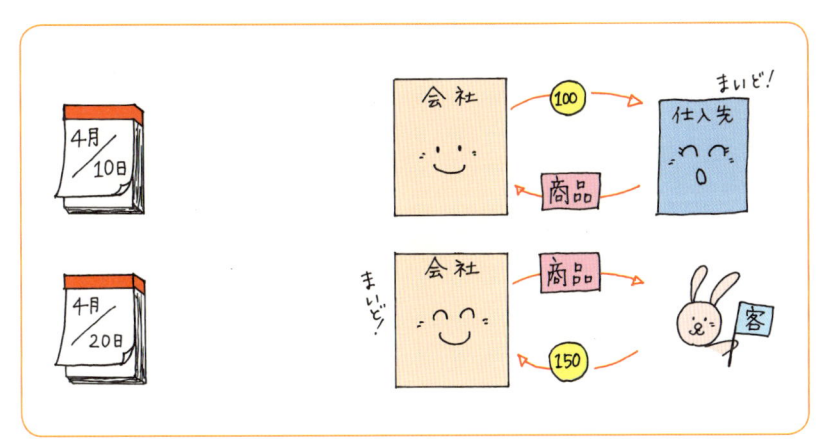

そうすると
4月30日の時点では
会社は150円のお金を持っていることになるね。

ここで
**4月1日という時点や、4月30日という時点に
会社にどれだけ、資産、負債、資本が残っているか**
というのが時点に関する情報で、貸借対照表に記載されるんだ。

そして
**4月1日から4月30日までの間に
どれだけ費用と収益が発生したか、つまり損益が増減したか**
というのが期間に関する情報で、損益計算書に記載されるんだ。

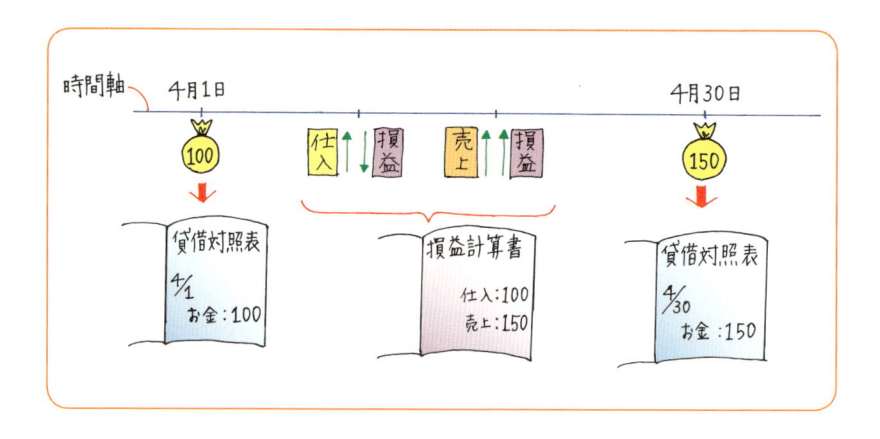

[図: 時間軸 4月1日〜4月30日、貸借対照表(4/1 お金:100)、損益計算書(仕入:100 売上:150)、貸借対照表(4/30 お金:150)]

　　　　　財務諸表については何となくわかったけど
　　　　　その財務諸表って、どうやって作るの？

会社は
一つひとつの取引を、複式簿記の方法で
仕訳の形式で記録するよね。

この仕訳によって
勘定科目に金額が蓄積されていくんだ。

その勘定科目に蓄積された金額の情報をまとめることで
財務諸表は作成されるんだよ。

次ページの図を見てみよう。

取引❶ (借)現金預金 200 (貸)借入金 200
取引❷ (借)仕入 100 (貸)現金預金 100
取引❸ (借)給与 50 (貸)現金預金 50
取引❹ (借)現金預金 200 (貸)売上 200

現金預金 (資産、借方科目)	借入金 (負債、貸方科目)	仕入 (費用、借方科目)	給 与 (費用、借方科目)
+200 −100 −50 +200	+200	+100	+50
250	200	100	50

売 上
(収益、貸方科目)

+200

200

貸借対照表
現金預金　250
借入金　　200

損益計算書
売　上　200
仕　入　100
給　与　　50

その2 複式簿記

会社が仕訳の形式で取引を記録するたびに
勘定科目に、金額が足されたり引かれたりするよね。

どういうこと？

借方科目は、仕訳で借方に書かれたらプラス
貸方に書かれたらマイナスを意味したよね。

貸方科目なら、ちょうど逆になるね。

前のページの図でいうと、取引①では、会社がお金を借りて
資産である現金預金が200円増えて
負債である借入金も200円増えているね。

> 現金預金という勘定科目と、借入金という勘定科目に
> それぞれ200円が足されたんだね。

取引②では、会社がお金を支払って商品を仕入れているから
資産である現金預金が100円減って
費用である仕入が100円増えているね。

> ということは現金預金は
> 取引①で200円足されて、取引②で100円引かれたから
> 100円残っているってことだね。

その通りだね。

このように、取引を仕訳の形式で記録することで
勘定科目に金額が足されたり、引かれたりするんだ。

そして、財務諸表を作成する際には
この勘定科目に集計された金額の残高を用いるんだ。

> 現金預金の残高は
> 200円足されて、100円引かれて、50円引かれて
> また200円足されたから、250円ってことだね。

そうだね。
同様に、借入金、仕入、給与、売上も計算できるね。

これらの勘定科目のうち、資産、負債、資本が貸借対照表に
収益、費用が損益計算書に集計されるんだ。

具体的に、貸借対照表と損益計算書の形式を見てみよう。

貸借対照表は、縦に2列に分かれていて
左側（借方）に資産
右側（貸方）に負債と資本が記載されるんだ。

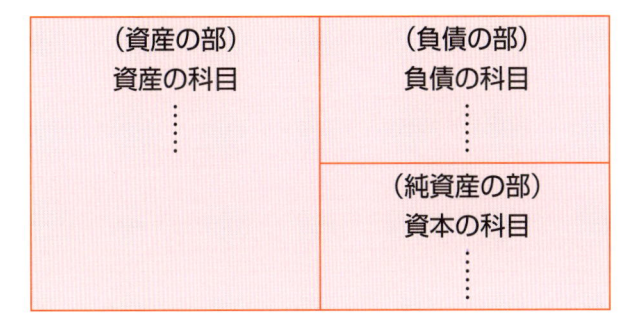

（資産の部） 資産の科目 ⋮	（負債の部） 負債の科目 ⋮
	（純資産の部） 資本の科目 ⋮

資産は借方科目で
負債と資本は貸方科目だから
自分の定位置に記載されるんだね。

右下の「純資産の部」には
資産から負債を引いた残りが記載されるんだ。

資産から負債を引いた残りには
株主の持ち分である資本のほかに
負債でも資本でもない項目も存在するんだ。　　← p.235参照
この点については5章（その5）で説明するから、ここでは
それらを無視して、資本＝純資産として考えておこう。

また、「資産－負債＝純資産（資本）」だから
これを変形すると「資産＝負債＋純資産（資本）」になるね。

この式からわかるように
貸借対照表の右と左は必ず一致するんだ。

> **ここがカギ**
> 貸借対照表では、借方（左側）に資産
> 貸方（右側）に負債と純資産（資本）が記載される。
> 左右は常に一致する。

また、損益計算書は、借方に費用、貸方に収益が記載されて
その差額が損益になるんだ。

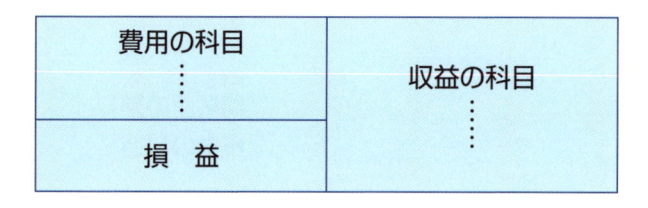

費用の科目	収益の科目
損　益	

ただ、実際の損益計算書は、このように左と右に分けずに

```
　＋収益の科目
　△費用の科目
──────────
　　損　益
```

といった形式にするのが一般的なんだ。
詳しい中身については6章（その6）で説明しよう。

残高試算表

また、**勘定科目すべてを集めて表にしたものを**
残高試算表（ざんだかしさんひょう）というんだ。

残高試算表は、財務諸表ではないけど

5つの勘定科目の位置関係を理解するのに役立つから
簡単に説明しておこう。

勘定科目のうち、資産と費用は借方科目で
負債、資本、収益は、貸方科目だったね。
だから、すべての勘定科目の残高を集めると
次のような位置関係になるんだ。

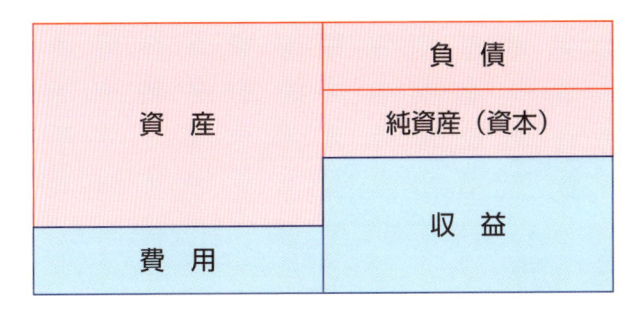

資　産	負　債
	純資産（資本）
費　用	収　益

この表は
すべての勘定科目の残高を集計したものだから
表の貸借、つまり右と左の金額は必ず一致するんだ。

どうして？

勘定科目は、仕訳によって金額が足されたり引かれたりするよね。

その仕訳が、必ず貸借が一致している以上
仕訳によって足されたり引かれたりした勘定科目を集めても
必ず貸借は一致するよね。

> **これはおぼえよう**
> 残高試算表とは、すべての勘定の残高を集計したものである。残高試算表の貸借は、常に一致する。

その2　複式簿記

そして、残高試算表の上半分が貸借対照表で
下半分が損益計算書になるんだ。

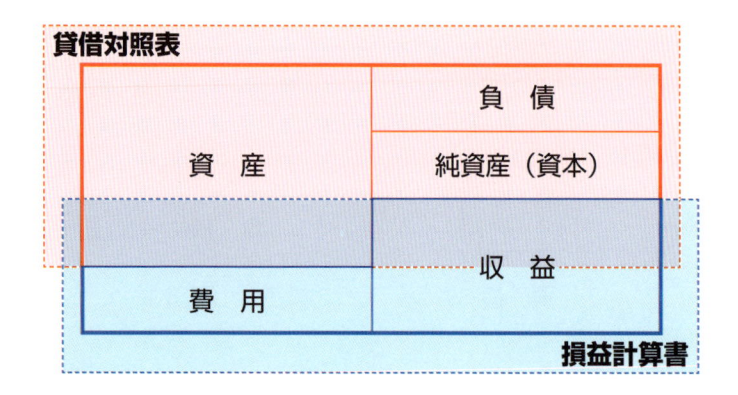

|貸借対照表|
資産	負債
	純資産（資本）
費用	収益
損益計算書

あれ
貸借対照表と損益計算書が重なっているね。

そうなんだ。

この重なっている部分は
収益から費用を引いたものだから、利益を意味するよね。

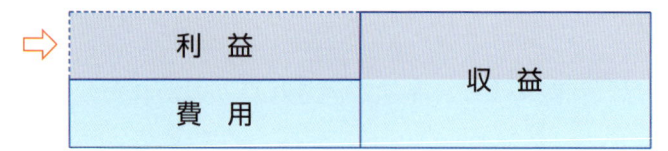

⇨ |利益|収益|
  |費用| |

でも、同時に貸借対照表として見ると
純資産（資本）の部分にあるよね。

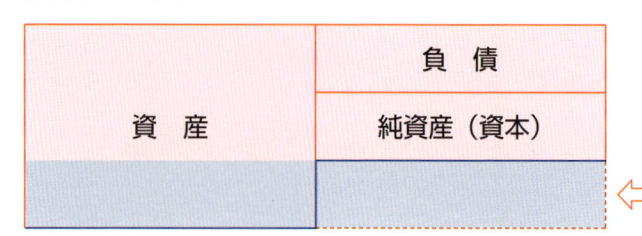

|資産|負債|
| |純資産（資本）|
| | | ⇦

これは、損益計算書の「利益」が
貸借対照表の「純資産」になるってことなんだ。

　　　利益が純資産になるって
　　　どういう意味？

収益の分だけ会社のお金が増加して
費用の分だけ会社のお金が減少するから
利益の分だけ、会社のお金は増加するよね。

このお金の増加は、会社が自分で増やしたものだから
株主のもの、つまり純資産になるよね。

つまり、**利益によってもたらされたお金の増加は
株主の持ち分、つまり純資産の増加になる**ってことなんだ。

　　　うーん
　　　わかったような気もするけど。

利益の分だけ純資産が増加することがわかってくれれば
それでいいよ。

純資産は、株主の持ち分を示すもので
「株主から預かった部分」と
「今まで会社が獲得した利益を留保した部分」
があるんだったね。

この「会社が利益を留保した部分」が
今説明した部分にあたるんだ。

その2　複式簿記

債務超過

純資産（資本）は、資産から負債を引いたものだったね。

この純資産が、マイナスになることもあるんだ。

> ということは
> 資産よりも負債のほうが多くなってしまうってこと？

そうだね。
資産は将来会社にお金の増加をもたらすもので
負債は将来会社にお金の減少をもたらすものだから
会社が借金を返しきれないってことだね。

この状態を、**債務超過**（さいむちょうか）というんだ。

資　産	負　債
マイナスの純資産	

> どうしてそんなことになってしまうの？

さっき説明したように
利益の分だけ、純資産は増加するのだったね。

ということは利益の逆の損失が発生すると
純資産は減少してしまうね。

損失が続いて、今までの損失の合計額が純資産の額を上回ると債務超過になってしまうんだ。

でも、純資産は株主の持ち分を示すんだよね。
その純資産がマイナスということは
株主の持ち分がゼロ以下ってこと？

そういうことになるね。
債務超過の会社は、資産をすべて売っても
借金を返しきれないから、株主にはお金がまったく残らないんだ。

ただ、債務超過になったといっても
利益を出して純資産を増やしてプラスにすれば
債務超過から脱することはできるんだ。

日本の会社の中には、債務超過になってしまっている会社が
結構たくさんあるんだよ。

> **これはおぼえよう** 
>
> 負債が資産を上回って、純資産がマイナスの状態に
> あることを債務超過という。
> 今までの損失の合計額が、純資産の金額を超えてしまうと、
> 債務超過に陥る。

会社のお金を増やすプロセスと会計

勘定科目や借方・貸方についてはわかったけど
会社がお金を増やしていくプロセスを勘定科目で表す
っていうのが、よくわからないな。

それじゃあ、そのプロセスに沿って
どのように仕訳するのかを説明しよう。

まず、会社は株主や債権者からお金を預かるよね。 ← 調達取引のこと

その2 複式簿記

株主から出資を受けた場合には
会社のお金が増えて、株主の持ち分も増えるから、仕訳は

> （借方）現金　100　　　（貸方）資本金　100

になるんだ。

資本金は純資産で貸方科目だから
貸方に資本金100と書くことで、資本金が増えたことになるね。

> 債権者からお金を借りた場合は
> 借入金で示すんだったね。

銀行などからの借入は、そうだね。

> （借方）現金　100　　　（貸方）借入金　100

一般投資家から借りた場合には、社債という貸方科目で

> （借方）現金　100　　　（貸方）社債　100

になるんだ。

> 借入金も社債も、負債で貸方科目だから
> この場合、どちらも増加を表すんだね。

その通りだね。

次に、株主や債権者から預かったお金を使って
価値を生み出すために投資していくんだ。　　← 投資取引のこと

会社が従業員を雇って、50の給料を払った場合は

（借方）給与　50　　　（貸方）現金　50

になるね。

会社は、従業員に50の給料を払うことで
従業員が働いて50以上のお金を稼いでくれると思ったから
50の給料を支払ったわけだね。

つまり、会社が持っていたお金50が減って給料に変化したんだ。

そして、実際に価値が増えた分のお金を
売上として受け取るんだ。　　　　　　　← 回収取引のこと

（借方）現金　200　　　（貸方）売上　200

借方科目である現金が増加して
その成果である貸方科目の売上が増加しているね。

なるほどね。
仕訳を見ると、会社がお金を増やしていく過程が
わかるんだね。

IFRSのココを押さえよう❷

IFRSはいつから適用されるのか

IFRS（国際会計基準）についての誤解としては
例えば上場会社はすぐにIFRSが適用されるから
大急ぎで準備しないといけない、というものもあるね。

特にすでにIFRSを任意適用している会社が出てきたり
書店でIFRSの本がたくさん並んでいたり
IFRS関連のセミナーがたくさん開催されたりすると
うちの会社も大急ぎで準備しないと大変なことになる
と思ってしまうけど、そんなに慌てる必要はないんだ。

世の中で騒がれていると、
なんとなく急がなきゃって思っちゃうよね。

IFRSはいつから適用されるの？

国際的な事業活動をしている上場企業の連結財務諸表には
2010年3月期からIFRSを任意で適用できるように
なっているけど、いつから強制適用になるかは
まだ決まっていないんだ（2012年6月現在）。

というよりも、IFRSを強制適用するかどうか自体も
まだ決まっていないんだよ。

そうなんだ。
もう決まってるのかと思ったよ。

仮に強制適用になった場合でも
少なくとも３年以上の十分な準備期間を確保する
といわれているから、今の時点で慌てる必要はないんだ。

ただ大きな流れとしてIFRSは無視できないから
その状況を注視しておく必要はあるね。

ここでちょっとひと休み！①

おこづかい帳だと何が問題か

そういえば、前におこづかい帳をつけていたことがあるよ。

すぐにおこづかいがなくなっちゃうから
おこづかいをもらったり使ったりするたびに
金額を書いていったんだ。

あの方法だと、お金が今いくら残っているか
すぐにわかったから、結構便利だった記憶があるよ。
面倒だから続かなかったけど。

ああいうおこづかい帳も、会計のひとつなの？

おこづかい帳も、立派な会計帳簿のひとつだよ。

おこづかい帳や家計簿のように
常にお金の残高を把握しながら、日々のお金の出入りを記録していく記帳方法を**単式簿記**（たんしきぼき）というんだ。

実は、国や官庁なども、単式簿記で取引を記録していたんだよ。

国がやっていた方法なの？
だったら、複式簿記なんて面倒なことやめて
会社もおこづかい帳にすればいいんじゃないの？

それじゃあ、ここで
おこづかい帳と複式簿記の違いを考えてみよう。
会社の取引をおこづかい帳の形式で記録すると
例えば次ページのようになるね。

取引日	内容	お金の残高（万円）
4月1日	借入	＋200
4月2日	仕入	－100
4月3日	売上	＋50
4月4日	売上	＋50
4月7日	家賃	－50
4月8日	仕入	－100
4月9日	売上	＋50
4月10日	借入返済	－20
4月10日	給料	－100
4月11日	売上	＋50
4月13日	借入	＋50

この記録を見て、今いくら借金があるかわかるかい？

えっ。そんなの、簡単だよ。
ちょっと待って。

えーと、4月1日に200万円借りて
4月10日に20万円返して
4月13日に別の銀行から50万円借りたから

……230万円だ。

ご苦労さん。
じゃあ、今月いくら儲かったか教えてくれるかい？

儲けかあ。
ちょっと待ってね、今計算するから。

うーん、売上はほとんど毎日あるから
表の中から売上を探し出して、全部足すのは面倒だなー。

そうだね。

単式簿記は、お金の残高を把握するには有効な方法なのだけど
お金以外の資産や借金、売上や費用などを把握するには
向いていない方法なんだよ。

単式簿記では、お金が増えたか減ったかは把握できるけど
そのお金がどこから来て、それがどのように使われたかっていう
情報は明細を一つひとつ見ないとわからないんだ。

でも
複式簿記は、お金だけでなく、**お金が増えた原因や減った原因も
それぞれ勘定科目で表されて、科目ごとに金額が集計される**から
科目ごとに今いくら残高があるか、当期どれだけの額が発生した
かがわかるよね。

この科目を、科目の種類ごとに集めて財務諸表をつくることで
会社の状態を表形式で見ることができるんだ。

そうか。
複式簿記って面倒だけど、会社の状態を知るには
便利な方法なんだね。

複式簿記は、今から500年以上も前に発明された記帳方法で
基本的な枠組みはそれ以来ずっと変わっていないんだよ。

その3

取引をいつ記録するか

> 複式簿記がわかれば
> もう会計はわかったも同然だね。

前にもいった通り、簿記はあくまで記録の仕方に
すぎないから、簿記がわかっただけでは会計数値を
理解することはできないんだよ。

会計数値が何を意味するのかを理解するためには
その会計処理がどういう考え方に基づいてなされたのか
を理解している必要があるんだ。

この考え方にはいろいろあって、様々な議論もあるのだけど
すべての問題は
取引をいつ記録するか、という問題と
取引をいくらで記録するか、という問題
の2つに集約されるといってもいいんだ。

そこで、そうした会計の基本的な考え方を説明しよう。

> **ここがカギ**
> 会計の問題は、取引をいつ記録するか、という問題と
> 取引をいくらで記録するか、という問題の2つに集約される。

最初に、ひとつめの「取引をいつ記録するか」という問題について考えてみよう。

> 取引をいつ記録するかなんて
> 取引があったときに記録すれば
> いいんじゃないの？

そうだね。
でも、何をもって「取引があった」とするかを
きちんと定義するのは難しいんだ。

例えば、物を売るっていう取引をとってみても
まず、相手先に営業に行くよね。

うまくいけば相手から注文を受けるね。
その後、商品を出荷して
相手が商品を受け取って、商品に問題がないか確かめて
そして相手がお金を支払ってくれるよね。

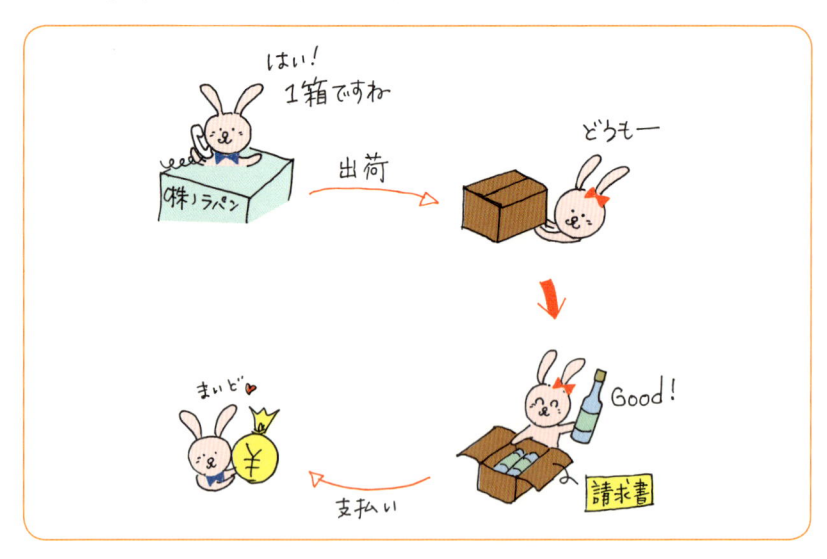

このようなプロセスの中で、いつ物が売れたっていえるのか。
いつの時点で、会社にとって、売上があったと考えるのか。

そう考えると、難しいよね。

　　うーん、確かに難しいけど
　　別にいつ記録したっていいんじゃない？
　　そんなに深く考えなくてもいい気がするけど。

いや、それが問題なんだ。

会計で記録された取引の情報は
財務諸表に集計されて公表されるよね。

売上は収益科目だから、売上があっただけ利益が増えるよね。

そうすると
**売上を今年計上するか、来年計上するかで
今年度の利益が変わってきてしまう**んだ。

だから
**こういうタイミングで取引を記録するってことを
初めからルールとして決めておく必要がある**んだよ。

> **ここがカギ**
> 取引をいつ記録するかによって
> 財務諸表の数字が変わってしまうため、
> 取引をいつ記録するかをあらかじめ決めておく必要がある。

その3　取引をいつ記録するか

物を売る場合のような、その場限りの取引だけではなくて
他にも、取引をいつ記録するかが問題になることがあるんだ。

例えば
年間500円の家賃を、2年分前払いした場合を考えてみよう。

これを仕訳で示すと
資産であるお金（借方科目）が減って
費用である家賃（借方科目）が増えたから

> （借方）家賃　1,000　　　（貸方）現金　1,000

になるよね。

でも、この取引は、いつあったのだと思う？

　　　　　　　家賃を実際に払ったときじゃないの？

　　　あれ
　　　でもこの払った家賃って、2年分なんだよね。

　　　そうすると
　　　2年分の家賃が全部、今年の費用になってしまうってこと？

そうだね。

それだと、**今年の費用が多すぎるし**
来年は家賃が費用に計上されなくなってしまうね。

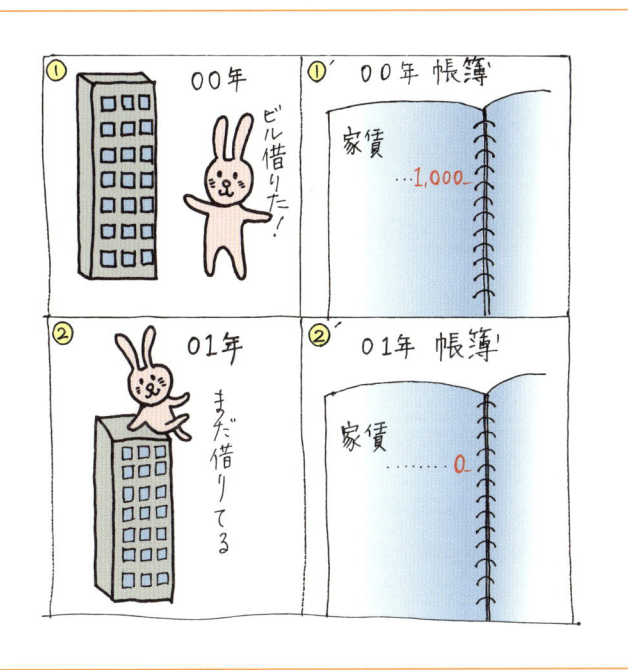

これは
明らかに会計が、会社の活動の実態を表していないよね。

なるほどね。
お金を支払ったときに記録すればいいってわけではないんだね。

このように、「取引があった」ときは
お金の支払いや受取りがあったとき
とは必ずしも一致しないんだ。

> **ここがカギ** 取引があった時点は、お金の動きがあった時点とは必ずしも一致しない。

その3 取引をいつ記録するか

発生主義

初めに、取引をいつ記録するかに関する
一番基本的な考え方を説明しよう。

取引は、その取引が「発生（はっせい）」したときに記録される
んだ。

　　発生ってどういう意味？

発生って普通の言葉のようだけど、会計上は
<u>その取引によって、会社が将来お金を受け取ったり払ったりする
可能性が十分高くなる</u>ということなんだ。

この考え方を
取引が発生したときに記録することから
発生主義（はっせいしゅぎ）というんだよ。

> 取引は、その取引によって会社のお金が増減する可能性が
> 十分高くなったときに記録する。
> これを発生主義という。

　　なんかよくわからないな。
　　可能性が十分高いなんて、随分いい加減じゃないの？

実際に取引が発生したかどうかは
どうしても判断や主観に左右されてしまうのだけど
例えば、商品を売る場合を考えてみよう。

客先に営業に行って、お客さまに商品を勧めて
お客さまがまだ買うかどうか迷っているとするね。

このとき
「お客さまはきっと買ってくれるに違いない」と考えて
まだお客さまが買うかどうか決めてないのに
売上を計上してしまってはいけないよね。

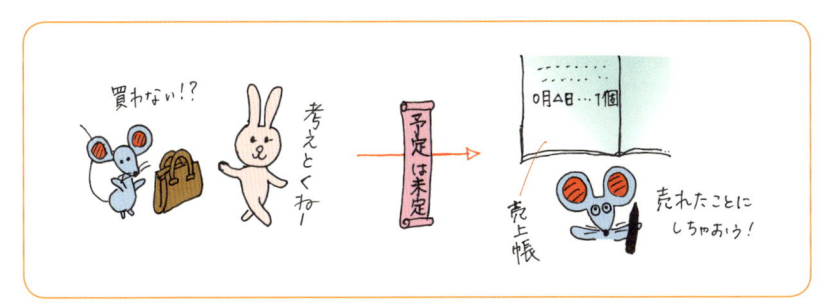

この場合は
会社にお金をもたらす可能性がまだ高くないし
実際いくら入ってくるかも明らかでないよね。

こうした、**まだどうなるかわからない**ことを
不確実性（ふかくじつせい）というんだ。

会計は
その情報を利用する人から見て
信用できるものでなければならないから
原則として、**不確実な情報は載せてはいけない**んだ。

> **ここがカギ** 会計は、情報の信頼性が求められているため、
> あまりに不確実な取引は計上してはならない。

不確実性は、時間の経過とともに減っていって
次第に確実性が高くなるよね。

だから、あまり早い段階で取引を記録してはいけないんだ。

> それじゃあ、取引を記録するのは
> 遅いほうがいいんだね。

確かに、一番確実なのは
商品の引渡しもすんで、お金の受け払いも完了したときだね。

でも、取引を記録するのは、遅いほどいいとは限らないんだ。

> え、どうして？

会社は取引をする場合に直接
現金で払ったり受け取ったりすることは少ないんだ。

普通は、何カ月後に払うよって約束しておいて
あとでまとめて、お金を払ったり受け取ったりするんだ。

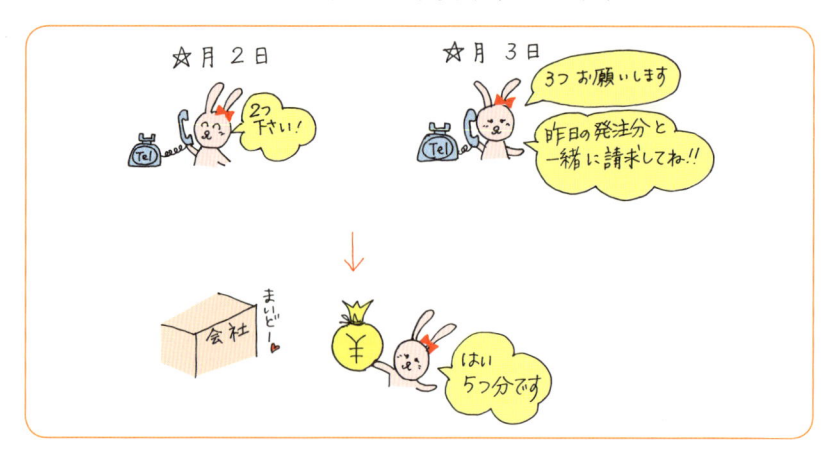

この場合、商品が売れてもお金の支払いはまだ先だから
不確実といえば不確実だね。
もしかすると、相手先が倒産して
お金を払ってもらえないことも考えられるしね。

でも、こうした取引を
お金が実際に入ってくるまで記録しないでいたら
会社の活動の実態が、会計に反映されなくなってしまうよね。

活動の実態が反映されないってどういうこと？

会社がいつお金を受け取れるか
いつお金を支払うかは
会社の販売活動や仕入活動とは直接関係がないんだ。

実際のお金の動きは
会社がお金を増やすための活動とは直接関係なく
相手先との取決めや、会社の資金繰りの計画によって決められる
んだ。

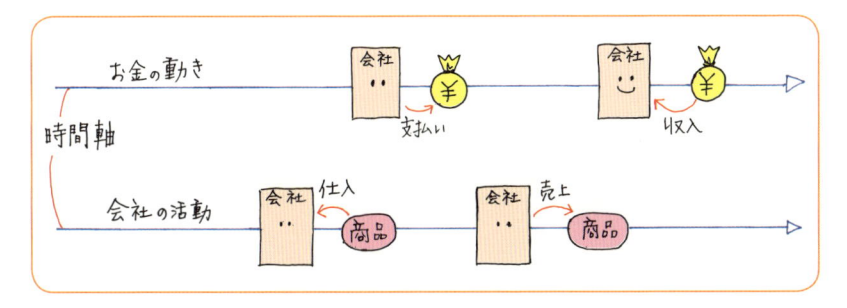

会計数値が、会社の活動の実態を示すためには
「お金の動き」ではなくて
「会社の活動」に合わせて、取引を記録する必要があるよね。

その3 取引をいつ記録するか

会計にとって重要なのは
会社がいつ、どのような生産や購買、販売などを行って
価値を増やしていったか、ということであって
会社がいつお金を支払ったり受け取ったりしたか
ということではないんだ。

そこで
<u>実際にお金を払ったり受け取ったりしていなくても</u>
<u>将来お金を払ったり受け取ったりする可能性が十分高い場合</u>には
会社の活動に合わせて
発生主義に基づいて取引を記録することにしたんだ。

> **ここがカギ**
> 会社の活動の実態を、会計情報として表現するため
> 完全に確実・正確ではない取引も
> 発生主義に基づき計上される。

あれ
さっきといっていることが違うよ。

不確実な情報は記録しないんじゃなかったの？

そこが難しいところなんだ。

会計情報の正確性や確実性を求めすぎると
取引が会計に反映されるのが遅れてしまって
会計が、会社の活動の実態を表さなくなってしまうよね。

だけど、あまり不確実な情報を載せてしまうと
会計情報が信用されなくなって
会計の目的が果たせなくなってしまうんだ。

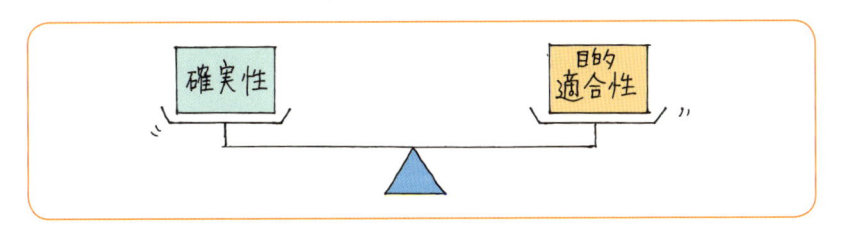

でも**確実で正確だから信頼できるかというと
必ずしもそうではない**よね。

会計情報自体が会社の実態を表していなかったら
そもそも信頼も何もないからね。

そこで、現在の会計制度では
発生主義の考え方を採用することによって
**多少は確実性・正確性を犠牲にしても
活動の実態**（かつどうのじったい）**を、適切なタイミングで
反映できるようにした**んだ。

> **ここがカギ**
> 現在の会計制度では、発生主義によって
> 会社の活動の実態を適切なタイミングで
> 会計に反映させている。

信用取引

ちなみに、さっきの例のように
物を買ったり売ったりする時点ではなく
将来お金を支払ったり受け取ったりすることを
信用取引（しんようとりひき）というんだ。

相手がお金を払ってくれることを信用しているから
そう呼ぶんだね。

この信用取引のおかげで、会社は
実際に持っているお金以上に、お金を使うことができるんだ。

実際に持っているお金以上にお金を使うって
どういうこと？

例えば、100万円のお金を持っている会社があったとするね。

この会社が商品を買う際にお金を実際に支払っていたら
100万円の商品を買った時点で
もう他にお金を使うことができなくなってしまうね。

その商品を実際に売って、お金を回収するまで
会社は何も活動できないね。

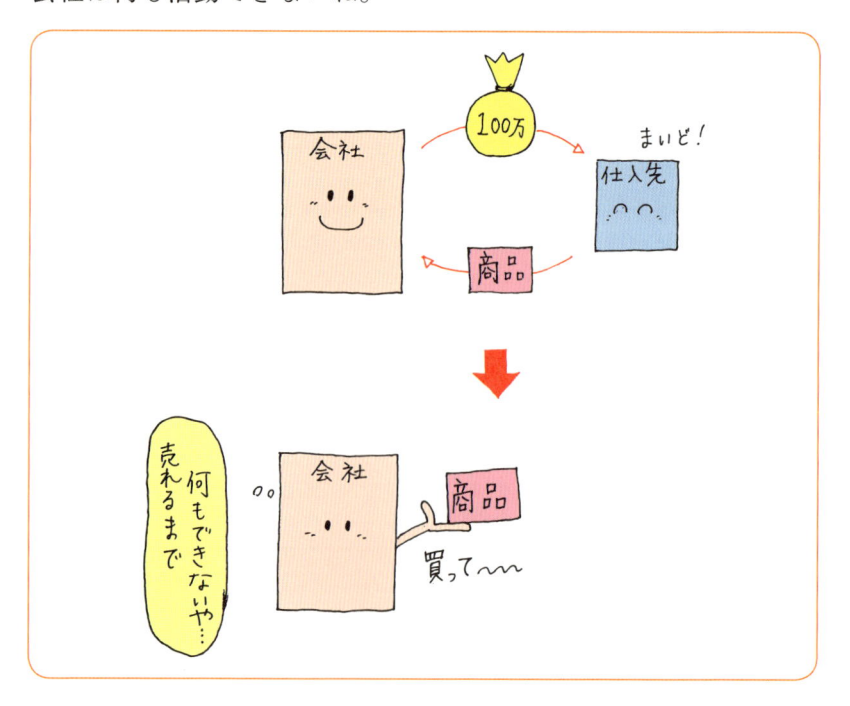

ところが
信用取引で2カ月後に支払うことにすれば
会社が商品を買ってもまだ会社にはお金が残っているね。

会社はそのお金を使って、また別の活動をすることができるね。

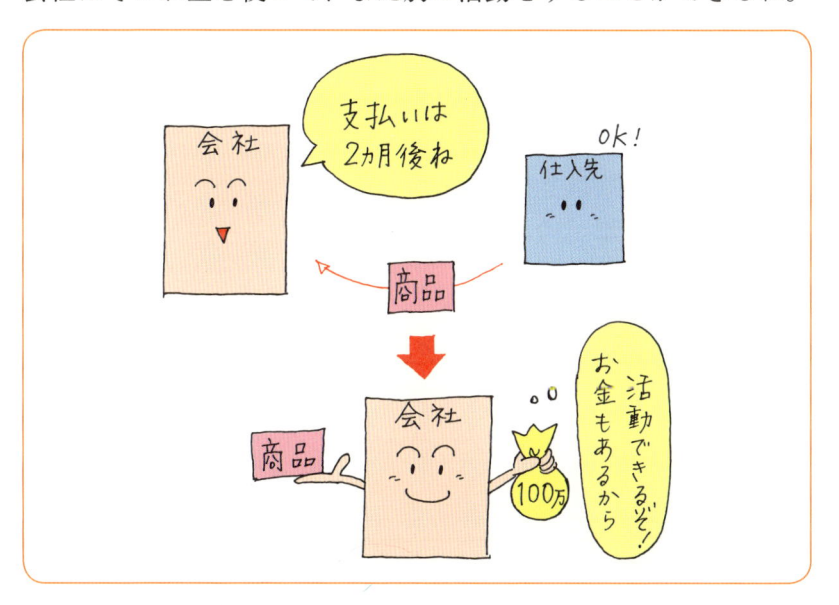

その間に商品が売れてお金が手に入れば
そのお金で商品の代金を支払えるよね。

このように信用取引をすることで
会社は、実際に持っているお金以上に
お金を使うことができるんだ。

> **ここがカギ** 信用取引により、会社は、実際に持っているお金以上にお金を使うことが可能となる。

また、お金をあと払いにして買うことを「掛で買う」
逆にお金をあとで受け取ることにして売ることを「掛で売る」
といったりするね。

　　　　　　　掛で売る場合の仕訳はどうなるの？

　　　　　貸方は売上だよね。
　　　　　でも、借方は、現金をまだ受け取っていないから
　　　　　現金の勘定科目を使えないよ。

この場合は、**将来お金をもらう権利を受け取った**と考えて
その権利を**売掛金**（うりかけきん）という勘定科目で表すんだ。

> 　　　（借方）売掛金　100　　　（貸方）売上　100

売掛金も資産だから
将来会社にお金の増加をもたらすものだといえるね。

逆に掛で買う場合は
将来お金を支払う義務を負ったと考えて
その義務を**買掛金**（かいかけきん）という勘定科目で表すんだ。

> 　　　（借方）仕入　100　　　（貸方）買掛金　100

この買掛金は、将来会社のお金を減少させるものだね。

> **これはおぼえよう**
>
> 　取引時点ではなく、将来お金の受取り・支払いをする
> 　取引を、信用取引という。
> 　信用取引により生じるお金を受け取る権利を売掛金、
> 　お金を支払う義務を買掛金という勘定科目で表す。

また、売掛金は現金預金で回収されるものだけど
これを**手形**（てがた）で回収することもあるんだ。

手形ってどういう意味？

手形は、何カ月後にお金を支払いますよ
という証書のことだね。

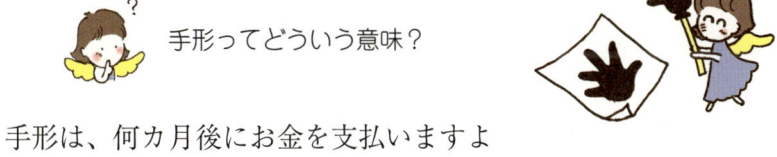

手形を受け取った側、つまり将来お金が入る側から見た場合を
受取手形（うけとりてがた）
手形を振り出した側、つまり将来お金を支払う側から見た場合を
支払手形（しはらいてがた）というね。

受取手形と売掛金を合わせて**売上債権**（うりあげさいけん）
支払手形と買掛金を合わせて**仕入債務**（しいれさいむ）
というんだ。

また、貸付金などの債権と売上債権を合わせて
金銭債権（きんせんさいけん）と呼んだりするね。

> **これはおぼえよう**
>
> 手形とは、将来の支払いを約束する証書のことである。
> 受取手形と売掛金を売上債権、支払手形と買掛金を仕入債務
> という。

実現主義

なんとなく、発生主義の考え方がわかってきたよ。
要は、会社の活動の実態に合わせて取引を記録するってことだね。

でも、発生の可能性が高いっていうのが
どうもいい加減な気がするな。

そうだね。
取引が発生したかどうかの判断には
どうしても主観が入ってしまうね。

実は、**その点が特に問題になるのは費用よりも収益のほう**なんだ。

どうして費用と収益では違うの？

会社の利益は、収益から費用を引いて計算されるよね。
収益が増えれば利益が増えるし、費用が増えれば利益は減る
よね。

収益が増えると

| 収 益 ↑ | − | 費 用 | = | 利 益 ↑ |

費用が増えると

| 収 益 | − | 費 用 ↑ | = | 利 益 ↓ |

ということは
収益が早く計上されると、利益も早く計上されるね。

実は、会社にとっては
利益があまり早く計上されてしまうのは、望ましいことではない
んだ。

えっ
会社は儲かったほうがいいんでしょ。

だったら、利益は早く計上されたほうがいいんじゃないの？

例えば、会社は利益のうちの一部を
株主に配当として支払っているよね。

**会社の利益が増えれば、当然
株主たちは、配当を増やすことを望む**よね。

ここで問題なのは
配当をすると、会社からお金が出ていってしまう
ってことなんだ。

会社は、利益が増えるのはいいことだけど
**儲かったらその分、株主が多くの配当を要求するから
会社のお金が減ってしまう**んだ。

もし、不確実なまま収益を計上して
その分増えた利益に基づいて配当を支払って
そのあとに、やっぱりその収益は本当のお金にならなかった
ってことになったら大変だよね。

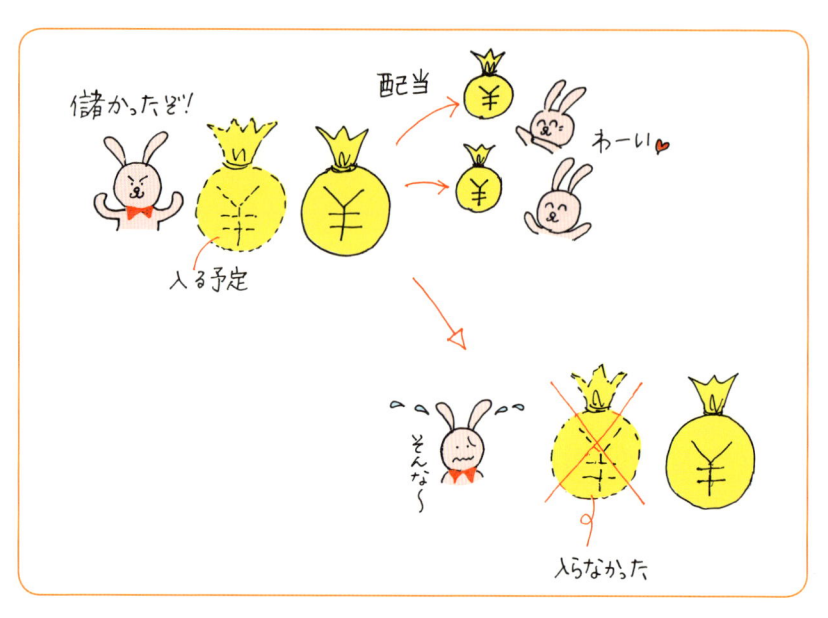

そのようなことから、**収益に関しては、費用よりも少し遅らせてもっと確実性が高まってから計上することにした**んだ。
こうすることで、会社がどれだけ配当できるかを
把握できるようになるからね。

> **ここがカギ**　利益が増えると、その分配当として
> 会社からお金が出ていってしまうため、
> 収益は費用よりも確実性が必要とされる。

この、**もっと確実性が高まった状態になること**を
「**実現**（じつげん）」というんだ。

実現は、発生よりも確実性を高めるのが目的だから
発生と違って、きちんと条件が決められているんだよ。

その条件をわかりやすくいうと

物やサービスを相手が受け取って
その見返りとして現金または債権を受け取るってことなんだ。

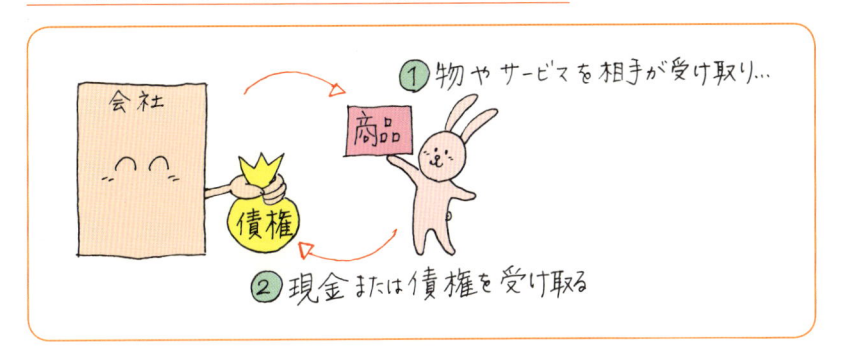

① 物やサービスを相手が受け取り…
② 現金または債権を受け取る

これを**実現主義**（じつげんしゅぎ）というんだ。

条件がきちんと決められているから
発生よりも確実になるんだね。

逆に、費用が増えると利益は減るから
費用を早く計上しても
配当が減って、会社からお金が出ていかなくなるだけだよね。

だから、費用は発生時に計上し
収益は少し遅らせて、実現してから計上することにしたんだ。

ここがカギ
取引の相手が物やサービスを受け取って
その対価として現金または債権を受け取ることを、実現という。
収益は、発生主義ではなく実現主義により計上される。

そうか
収益は遅いほどいいんだね。

あと回し！

その3 取引をいつ記録するか

このような
「収益はなるべく遅く少なく、費用はなるべく早く多く」
という考え方を保守主義といって
どちらかといえば保守的なほうがいいとはいわれているんだ。

でも、これは程度の問題で
会社の活動の実態を適切に表すことが会計の役割なのだから
活動の実態を表さなくなるほど費用を早く
収益を遅く計上してしまってはいけないよね。

あくまでも収益に関してはより慎重に
発生主義ではなく実現主義によって計上するってことなんだ。

ちなみに、有価証券の売買などの一部の取引については
実現主義とは別のルールがあるのだけど、それについては
4章（その4）で説明するね。

またIFRSでは、収益を計上するタイミングが
日本の会計基準とは異なるんだ。

この点についてはコラムで説明するね。　　　　← p.161参照

費用収益の対応

もうひとつ、取引をいつ記録するかに関して
重要な考え方を説明しておこう。

この考え方を理解すれば
資産や費用の数字が何を意味するのかがわかるようになるよ。

まず、会社が
10年使うことを想定して、10億円の工場を建てたと考えてみよう。

この場合の仕訳はどうなると思う？

複式簿記はわかったからまかせてよ。

えーと、工場を建てるとお金が減るから
貸方はお金、借方は費用だよね。

（借方）　工場建設費　10億　　（貸方）　現金預金　10億

かな。

その考え方も間違いではないけれど
そうすると、高額な設備を買った場合
買った年にだけ多額の費用が計上されて
下手をすると赤字になったりしてしまうよね。

どういうこと？

例えば、会社の経営者は、この工場を建てることで
毎年2億円の利益が10年間生み出せると考えたとしよう。

もし工場を建てた年に
10億円の費用を計上してしまったら
工場を建てた年にだけ、たくさんの赤字が計上されてしまうね。

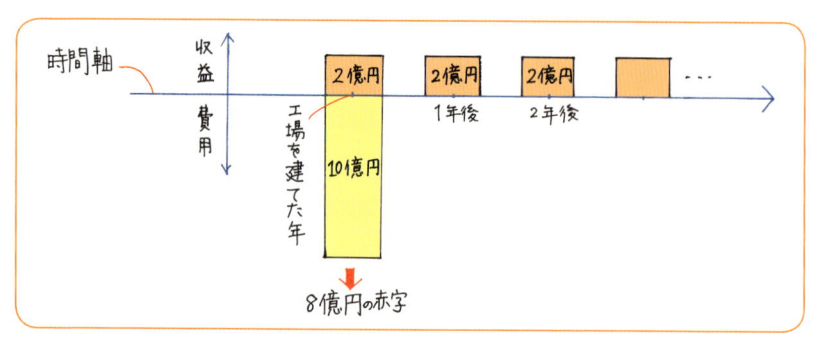

買ったそのときにだけ費用が発生して
その設備を利用して増えた利益は、10年間にわたって計上される
のは、変な気がしないかい？

確かに
会計が会社の活動を表していない気がする。

それだけでなく
将来のために思い切った投資をすると赤字になってしまうとしたら、**経営者が赤字を恐れて、投資ができなくなってしまう**ね。

でも、どうしたらいいの？

発生主義の考え方だと、取引が発生したときに
記録するんだよね。

工場を建ててお金を払うって取引はもう発生しているから
記録しないわけにはいかないよね。

そうだね。

実は、現在の会計では
会計情報が会社の活動の実態を正しく表すように
費用や収益を、繰り延べ（くりのべ）**たり**
繰り上げ（くりあげ）**たりしている**んだ。

　　　繰り延べる、繰り上げるって
　　　どういうこと？

今の例でいうと
工場を買うために払ったお金10億円のすべてを
買ったときの費用にしないで
工場を使うことで得られる将来の収益に対応させるために
10億円のうちの一部を繰り延べて**将来の費用にする**んだ。

このような処理を、**費用の配分**（ひようのはいぶん）というんだよ。

　　　将来の収益に対応させるって
　　　どういうこと？

工場を建てるために支払われたお金10億円は
将来10年間にわたって、収益を得るために
支払われたものだよね。

費用は、当期の収益を得るために支払われたお金のことだから
工場を利用したことによって収益を得た年度に
工場を建てるために支払ったお金を費用として計上するんだ。

その3　取引をいつ記録するか

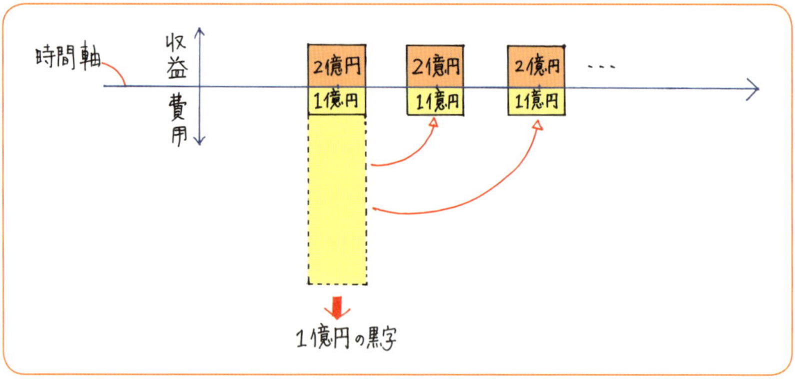
時間軸
収益
費用
2億円
1億円
2億円
1億円
2億円
1億円
1億円の黒字

ここがカギ

将来の収益を生み出すためにかかった支出は
将来の収益に対応させて配分し、将来の費用として計上する。

逆に、**まだお金を支払っていない場合でも**
現在の収益に対応させて、将来の支出を
当期の費用として、繰り上げて計上することもあるんだ。

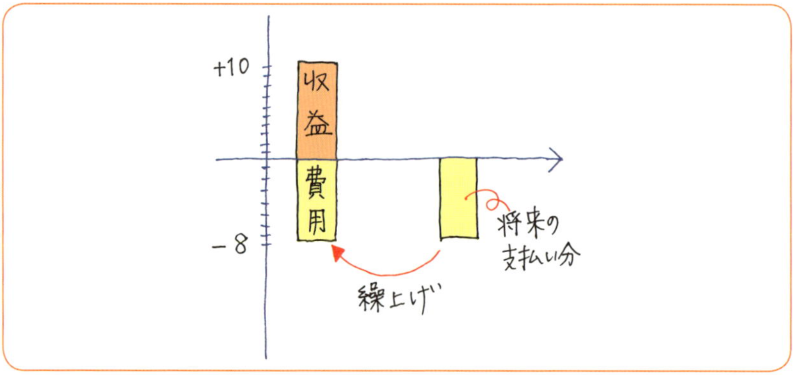
+10
収益
費用
−8
将来の
支払い分
繰上げ

あれ、さっきから聞いていると、繰り上げたり
繰り延べたりするのは費用のほうだね。

収益を繰り延べたり繰り上げたりはしないの？

収益は
実現主義によって計上のタイミングが決められているから
基本的には**収益に対応させて、費用を配分する**んだよ。

これを、**費用収益対応の原則**（ひようしゅうえきたいおうのげんそく）
というんだ。

今までの話をまとめると
費用を発生主義で、収益を実現主義で計上して
実現した収益に対応させて、発生した費用を配分するってことに
なるね。

> ここがカギ
> 費用は発生主義で、収益は実現主義で計上し、
> 実現した収益に対応させて、発生した費用を配分する。
> これを費用収益対応の原則という。

支出・収入と費用・収益

ふーん、会計ってお金に関するものなのに
お金の動きとは別のタイミングで、処理しているんだね。

その通りだね。

お金が出ていくことを**支出**（ししゅつ）
お金が入ってくることを**収入**（しゅうにゅう）というけど
費用と支出のタイミングは、多くの場合は一致しないし
収益と収入のタイミングも、多くの場合は一致しないんだ。

これは、会社が製品を作ったり、商品を仕入れたり
お客さまにサービスを提供する、といった**会社の活動と**
お金の動きとが、一致していないためなんだ。

会計は、お金の動きよりも
会社の活動を適切に表現することを重視しているから
支出・収入ではなくて、費用・収益を用いているんだ。

> でも、お金の動きは重要ではないの？

もちろん、会社の目的はお金を増やすことだから
お金の動きも重要だね。
そのお金の動きを表すのが**キャッシュフロー**と呼ばれるもの
なのだけど、これについては、『理解編』の
"キャッシュフロー計算書"のところで詳しく説明しよう。

> **ここがカギ**
> 会社の活動と、お金の動きとは、一致していないため
> 会計では、支出・収入ではなく、費用・収益を用いる。

減価償却

> 費用を収益に対応させて配分するっていうけど
> 具体的にどうすればいいの？
> 発生した費用を、費用として計上しないってこと？

費用を将来にわたって配分するためには
まず、**将来の費用に対応させる分を、費用ではなく
資産として計上する**んだ。

さっきの例でいえば、10年間使うことを想定して
10億円の工場を建てた場合

> （借方）工場　10億　　　（貸方）現金預金　10億

というふうに、借方を費用ではなく
工場という資産の勘定科目で計上するんだ。

> どうして費用でなく、資産で計上すると
> 費用と収益を対応させることができるの？

資産に計上された10億円は
償却（しょうきゃく）という手続きを用いて
将来の収益に対応させて
10年間にわたって費用として計上されるんだ。

償却は、**将来の収益を得るためにかかった支出を
収益に対応させて配分する手続きのこと**で
建物や工場のような、実体のある資産の場合は
特に**減価償却**（げんかしょうきゃく）と呼ぶね。

> **これはおぼえよう**
> 費用を将来の収益に対応させて配分する手続きを償却という。

具体的には
10年間使う工場を建てるために支払った10億円のうち
当期の収益に対応する分を、10億円÷10年＝1億円として
減価償却費（げんかしょうきゃくひ）という費用科目で計上するんだ。

> （借方）減価償却費　1億　　（貸方）工場　1億

> どうしてそれで
> 費用と収益が対応したことになるの？

この10億円の工場は、10年間で毎年2億円の収益を
得られるものだね。

そこで、10億円を毎年1億円ずつ配分すれば
2億円の収益を得るために1億円の費用がかかった
ということになって、収益と費用が対応するね。　← p.137参照

> なるほどね。
> 10億円が一度に費用にならないで
> 工場が収益を生んだ年に少しずつ計上されるんだね。

それに、この仕訳では、貸方に工場を計上しているよね。

こうすることで、10億円だった工場の金額は
1億円引かれて9億円になるね。

> 資産は借方科目だから
> 貸方に1億円計上すると、1億円マイナスになるんだね。

これを10年間繰り返せば、工場の金額がゼロになるから
10年でちょうど、工場を買った支出が配分しつくされるんだ。

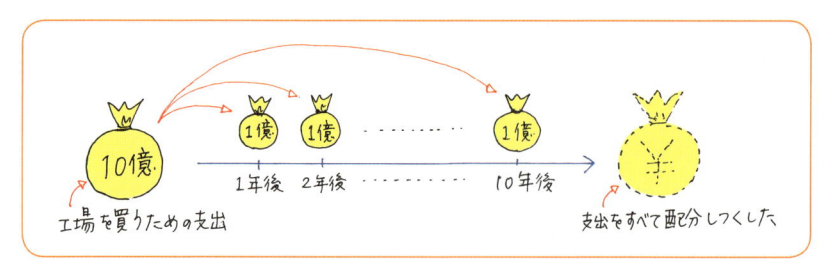

工場の金額を直接減らしてしまうと
もともと最初に支払ったお金がいくらだったか
わからなくなってしまうよね。

そこで、貸方には工場ではなく
減価償却累計額（げんかしょうきゃくるいけいがく）
という科目を使って仕訳をする方法もあるんだ。

> （借方）減価償却費　1億　　（貸方）減価償却累計額　1億

この場合、貸借対照表では

> 工場　　　　　　　　　　10億
> 減価償却累計額　　　△1億
> 　　　　　　　　　　　　　9億

と表示されるんだ。

これは
初めに買ったときの金額が10億円で
今までに減価償却で配分された金額が1億円
まだ配分されていない金額が9億円という意味なんだ。

> **ここがカギ**
> 支出を将来の収益に対応させるために、
> 支出した金額を資産として計上し、
> それを収益に対応させて償却する処理を行う。

費用を将来の収益に対応させるっていうのはわかったけど
将来どれだけ収益があるかなんて
わからないんじゃないの？

それに、実際の収益のうち
どの部分が工場から生み出されたかなんて
どうやってわかるの？

確かに
工場が実際にどれだけの収益を生み出したのかは
きちんと調べればわかるかもしれないけど、明確ではないよね。

そこで、減価償却をする際には
どれだけ収益が生み出せるかに関係なく
費用を**一定の規則的な方法**で配分しようってことにしたんだ。

「一定の規則的な方法」には
毎期同じ金額で均等に配分する定額法や
初めのうちに多く配分する定率法など
いくつかの方法があるんだ。

どうして規則的じゃないといけないの？

配分の方法を会社の自由にしてしまうと
会計情報の操作が可能になってしまうからなんだ。

今の工場の例でいえば
10億円のうち、ある年は100万円しか配分せずに
別の年に３億円配分するようなことを許してしまうと
会計の数値が信頼できなくなってしまうね。

そのため、初めから配分のルールを決めておく
必要があるんだよ。

ちなみに、実際の減価償却の計算はもう少し複雑なのだけど
会計数値の意味を理解するためには
これくらいわかっていれば問題ないよ。

> **ここがカギ** 減価償却では、一定の規則的な方法で費用が配分される。

でも、「減価」償却って名前を聞くと
なんだか資産の価値が減っていくみたいだね。

実際、簿記のテキストなどで減価償却に関する説明を見ると
資産が時間の経過とともに傷んでいって
資産の価値が下がっていくから
その価値の減少分を費用として計上する
と説明しているものもあるね。

確かに工場や建物は時間が経つにつれて傷んでいくけど
実際の資産の値下がりと減価償却とは関係がないんだ。

例えば、10億円の工場について、1億円減価償却した場合
財務諸表上の建物の金額は9億円だよね。
でも、その工場の今の値段は7億円かもしれないし
財務諸表上の建物の金額の9億円と直接には関係はないんだ。

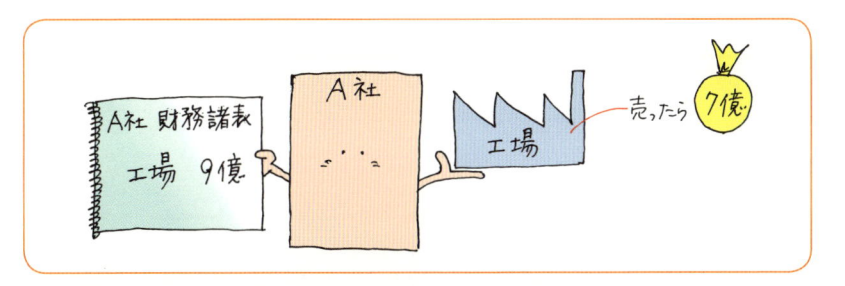

> **ここがカギ**
> 減価償却は、実際の資産の値下がりとは直接関係がない。
> そのため、財務諸表上の資産の価額も、実際の値段とは
> 関係がない。

その3 取引をいつ記録するか

あれ、でもそうすると
資産に計上されている金額は
今の値段と関係ない数字だってことだよね。

それなら資産の金額は意味がないってこと？

いや、そんなことはないんだ。
それどころか、会社が将来お金を
どれだけ増やすことができるかを予測するためには
この資産の情報がとても重要になるんだよ。

それについては、次の章で説明しよう。

資産と費用

ここで大事なことは、**資産と費用は
いつの収益に対応するかに違いがあるだけで
収益を生み出すためにかかった支出であるという点で
共通している**ということなんだ。

そういえば
前に資産と費用が似ているっていっていたよね。

その点について、もう少し突っ込んで考えてみよう。

同じお金の減少でも、それが工場の建設に使われた場合には

　　　（借方）工場　　100　　　（貸方）現金預金　　100

になるね。
この場合の「工場」は、**資産**科目だね。

一方、お金が、従業員に対する給料に使われた場合には

（借方）給料　100　　　（貸方）現金預金　100

となるね。
この場合の「給料」は、**費用**科目だね。

同じお金の流出なのに、どうして一方では資産になり
もう一方では費用になるのだと思う？

　　　えーと、資産に計上するのは
　　　費用を将来の収益に対応させるためだったよね。

　　　あ、そういえば
　　　費用は、当期の収益を生み出すためのものだったね。
　　　　　　　　　　　　　　　　　　　← p.88参照
　　　ということは、いつの収益を生み出すかの違いってこと？

その通りだね。

資産は、**将来の収益**を獲得するための支出で
費用は、**当期の収益**を獲得するための支出なんだ。

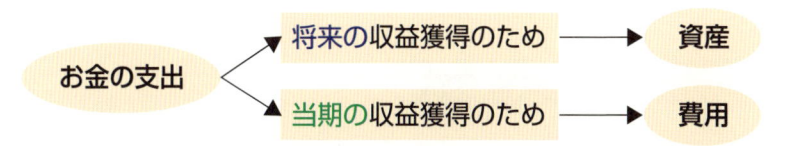

お金の支出 → 将来の収益獲得のため → 資産
　　　　　 → 当期の収益獲得のため → 費用

会社がお金を支払うのは、その払ったお金以上に
お金を回収することを見込んでいるからだったね。　← p.91参照

**費用も資産も
お金を増やすために支払われたお金である、という点では同じで
単にお金が回収されるタイミングが違うってことなんだ。**

その3　取引をいつ記録するか

そうか。

給料を支払った場合、支払ったことで
当期に従業員ががんばって、収益を獲得するから
給料は費用になるんだね。

そうだね。

そして、費用はフロー科目だから、損益計算書に記載されて
資産はストック科目だから、貸借対照表に記載されるね。

これは、**当期の収益獲得のための支出は、損益計算に使われて
将来の収益獲得のための支出は、貸借対照表にストックされる**
ということだね。

このストックされた支出は
将来、収益を生み出したときに費用として計上されて
その期の損益計算に使われるんだ。

> **ここが カギ**
> 費用は、当期の収益を獲得するための支出であり
> 資産は、将来の収益を獲得するための支出である。

金融資産と事業用資産

資産と費用が似ているっていうのはわかってきたよ。

でも、資産の中には
お金そのものや売掛金なんかもあるんだよね。
お金や売掛金が費用と似てるっていうのは
変な気がするな。

それはいいところを指摘しているね。

確かに
現金預金や受取手形、売掛金などは
将来の収益に対応させるために繰り延べられた支出ではないね。

実は、資産は大きく２つの種類に分けられるんだ。

建物や工場、設備などのように
将来の収益に対応させるために繰り延べられた支出である資産や
会社が仕入れて、まだ売れていない商品のように
将来、事業として販売する目的の資産を
事業用資産（じぎょうようしさん）というんだ。

事業用資産は、名前の通り
会社が、事業で使用する資産ということだね。

> 事業で使用しない資産なんて
> あるの？

現金預金や、売掛金、貸付金などは
会社が事業で使うために
お金を払って手に入れたものではないよね。

そのような資産を**金融資産**（きんゆうしさん）というんだ。

> 資産は、事業用資産と金融資産に
> 分けられるんだね。

> **ここがカギ** 資産は、事業用資産と金融資産に分けられる。

事業用資産の特徴は
会社が事業を行うために投資したもので
将来、収益を生み出すときに、費用として計上される
ということなんだ。

> ということは
> 事業用資産は、みんないつかは費用になるってこと？

そうなんだ。
建物や工場、設備などの資産は、将来、収益を生み出す期間にわたって、**減価償却費**という費用になるね。

また、あとで説明するけど、会社に残っている商品は
販売されて収益を生み出すときに
売上原価という費用になるんだ。

そこで、事業用資産のことを
「費用性資産」と呼んだりもするんだ。

> ということは、費用に似ている資産は
> この事業用資産のことなんだね。

その通りだね。

> 金融資産は、将来、費用にはならないの？

金融資産は、支出を繰り延べたものではないし
そもそも、収益を獲得するための支出ではないから
費用にはならないんだ。

金融資産には、お金そのものや受取手形、売掛金、貸付金などが含まれるね。

金融資産の特徴は、お金に性質が近い
ということなのだけど、詳しくは次の章で説明しよう。

また、株式や社債などの**有価証券**（ゆうかしょうけん）は
原則として金融資産になるのだけど
一部の有価証券は、事業用資産になったりするんだ。

この点については、『理解編』の"時価会計"のところで
説明するね。　　　　　　　　　　　　← 『理解編』p.153参照

有価証券の種類についても、『理解編』の"時価会計"のところ
で説明するね。　　　　　　　　　　　← 『理解編』p.170参照

> **これはおぼえよう**
>
> 金融資産は、現金預金や金銭債権のように、お金に性質が近いものであり、事業用資産は、商品や建物のように、将来、費用になるものである。

☆資産は2つある☆

金融／事業用

これとこれ！

引当金

減価償却は、現在の支出を将来の費用として
繰り延べるものだったね。

逆に、将来の支出を当期の費用として
繰り上げることもあるんだ。

> 費用を繰り上げるって
> どういう意味?

前に説明した売掛金を考えてみよう。
売掛金はお金を受け取る権利のことだね。

売掛金に計上された金額は、すべてお金で回収されるはず
なのだけど、実際には相手先が倒産したりして
<u>お金が回収できないことがある</u>んだ。

このようにお金が返ってこないことを**貸倒**(かしだおれ)と
いうのだけど、ある程度の貸倒は信用取引をしている以上
仕方ないことなんだ。

会社は、貸倒によって<u>回収できるお金が減ってしまうけど
このお金のマイナスは費用として計上する必要がある</u>よね。

この費用は、いつの時点で計上するべきだと思う?

> 実際に会社のお金が減ってしまうのは
> 相手先が倒産して、お金が返ってこなかったときだよね。
>
> だから、相手先が倒産したときじゃないの?

確かに、お金のマイナスは
将来、相手先が倒産したときのものだから
そのときに費用を計上するべきだとも考えられるね。

でも実際には
この**将来見込まれるお金のマイナスを、当期に繰り上げて
費用として計上する**んだ。

　どうしてそんなことをするの？

償却と同じで
「費用を収益に対応させるため」なんだ。

この貸倒によるお金のマイナスは
**当期の収益を生み出すためのものだから
当期の費用として、計上されるべき**なんだよ。

　貸倒が、当期の収益を生み出すためのものなの？

会社を運営していくうえで、売掛金が発生して
その売掛金の一部が返ってこないのは、仕方ないことなんだ。

貸倒を避けようとして、すべての取引を現金で行っていたら
取引先が相手にしてくれなくなって
商品が売れなくなってしまうからね。

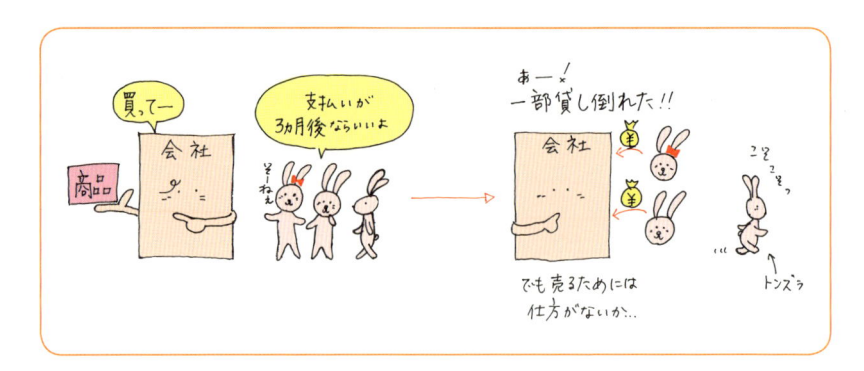

つまり、**貸倒というお金のマイナスがなければ
当期の収益を得ることができない**ってことになるね。

だから、この将来のお金のマイナスは
当期の収益を生み出すための費用になるんだ。

会計は、実際のお金の動きに関係なく
会社の活動の実態を適切に示すことを目的としているね。

実際のお金のマイナスは将来でも
**そのお金のマイナスが当期の収益を獲得するためのもの
であるなら、当期の費用として計上するべき**なんだ。

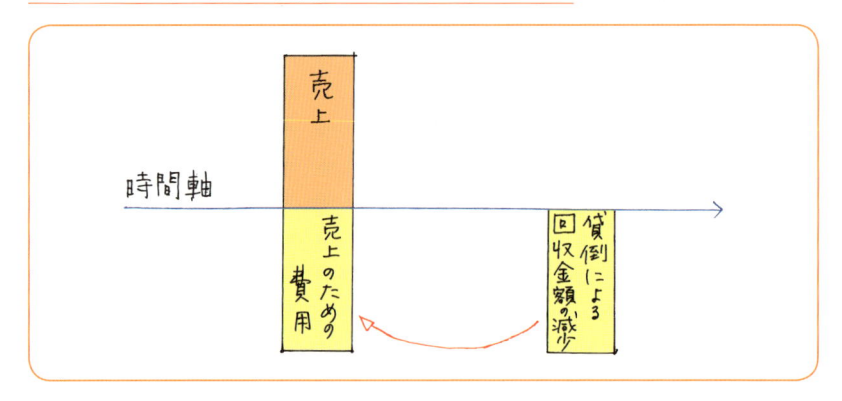

どうやって、将来の支出を
　　　当期の費用にするの？

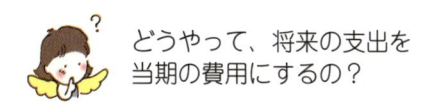

引当金（ひきあてきん）を繰り入れるという処理をするんだ。

具体的には、**売掛金のうち、貸し倒れる可能性のある金額**を
貸倒引当金（かしだおれひきあてきん）という貸方科目で計上して
売掛金からマイナスするんだ。

同時に、当期の費用として配分するために
貸倒引当金繰入額（かしだおれひきあてきんくりいれがく）
という費用科目を、借方に計上するんだ。

例えば、売掛金1,000のうち20が返ってこないとしよう。
この場合

　　（借方）貸倒引当金繰入額　20　（貸方）貸倒引当金　20

となって、財務諸表上では

　　　　　売掛金　　　　1,000
　　　　　貸倒引当金　　△20
　　　　　　　　　　　　　980

と記載されるんだ。

**売掛金が1,000あるけど
そのうち貸し倒れると予測される金額が20だから
将来実際に増えるお金は980**ってことだね。

前に説明した償却は
過去の支出が当期の費用として計上されていたよね。

引当金は、将来の支出が当期の費用になるから
償却と引当金は、ちょうど逆の関係になるんだ。

> ▎これは**おぼえよう**
>
> 将来見込まれる支出を、当期の収益に対応させるために
> 費用として計上する手段を引当金という。
>
> 償却は、過去の支出を当期の費用にするものであり
> 引当金は、将来の支出を当期の費用にするものであるから
> 逆の関係になる。

仮定と継続性

減価償却と引当金は
会計特有の考え方に基づくものだから
ちょっと難しいかもしれないね。

特にどちらも、**将来の見積もりや仮定に依存している**ところが
あるからね。

　　　　見積もりや仮定って？

減価償却は、10億円の工場を建てた場合
10年使うだろうと予想して、10億円÷10年＝1億円を
毎年の費用にするよね。

この場合、使用期間を10年と予測しているね。

また、減価償却の方法にはいくつかあって
毎年同じ金額を費用にする方法のほかに
使用している期間の初めのうちにたくさんの費用を計上して
使用期間の終わりのころには少しの費用を計上する方法など
があるんだ。

これは
工場が新しいうちはたくさん製品を作って
収益も増えるから費用をたくさん対応させるけど
工場が古くなって効率が悪くなったときは
逆に費用を少しだけ対応させるという考え方によるものなんだ。

使用期間を何年と見積もるか、どの方法で減価償却するかは
経営者がその工場の使用状況を予測して
経営者の判断で決めることができるんだよ。

> 経営者の判断で
> 費用の金額が変わるってこと？

そうなんだ。

引当金も、貸倒引当金は
売掛金が将来どれだけ返ってこないか、を予測して
それを当期の費用にするものだよね。

だから
経営者の判断によって費用の額が変わってきてしまうね。

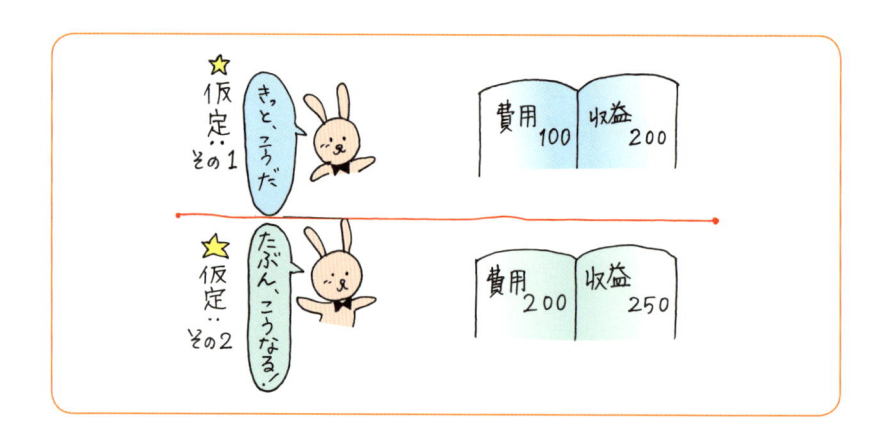

> 経営者に、そんな勝手に判断させてしまっていいの？
> そんな情報、信頼できない気がするけど。

会社のことを一番よくわかっているのは経営者だから
<u>経営者に判断させることで、会計数値が会社の実態を適切に表すようになるはず</u>なんだ。

ただ、経営者の判断に基づいて選択できる会計処理方法が
いくつかある場合に
これを経営者の都合で自由に変更してしまったら
それこそ会計情報が信頼できなくなってしまうね。

そこで、会社は、いくつかある会計処理の中で
<u>どれかを選択したあとは、それを変更してはいけない</u>ことに
なっているんだ。

> **ここがカギ**
> 会社が一度選択した会計処理の方法は
> 原則として、変更してはならない。

それなら、信用してもいい気がする。

でも、実際には会計処理の方法を変更することもあるんだ。

　　　えっ、そんなことをしていいの？

会社を取り巻く状況が大きく変化した場合などは
そのまま同じ会計処理をすると
会社の実態を表せなくなることもあるんだ。

でも、実際のところ、会社が会計処理の方法を変更するときは
利益操作をしようとしている場合が多いんだ。

もちろん、露骨な利益操作は
公認会計士によってチェックされるけど
赤字を回避したりするために、もっともな理屈をつけて
会計処理を変更する場合もあるんだ。

会計処理の方法を変更した場合
注記表という書類に変更の事実や理由が記載されるから
その理由を見て何となく無理を感じたら
会社が利益操作をしている可能性も考えてみるべきだね。

決算

最後に、**決算**（けっさん）について簡単に話しておこう。

会社は、実際に取引が発生したり実現したときに
仕訳を行って記録するよね。

でも、さっき説明した減価償却や引当金は
実際の取引ではないよね。

あ、そういえばそうだね。
減価償却っていっても、費用を配分するだけで
だれかと取引したわけではないものね。

そうなんだ。
減価償却のように費用を配分するような処理は
実際の取引ではないから
会社は期末にまとめて、帳簿の上で処理するんだ。

これを決算というんだよ。

つまり、決算は
会計数値が会社の実態を適切に表すように
費用や収益を配分する手続きのことなんだ。

> **これはおぼえよう**
>
> 決算とは、会計数値が会社の実態を適切に表すように
> 費用や収益を期間配分する手続きである。

IFRSのココを押さえよう ❸

IFRSによる主な変更点は？

前にふれたように、IFRSと日本の会計基準とでは
収益を計上するタイミングが異なるんだ。

具体的には
経済価値とリスクが移転したときに収益を計上する
とされているんだよ。

> 経済価値とリスクが移転？
> どういう意味？

ちょっとわかりにくい表現だけど
要は返品される可能性が低くなったときということだね。

日本の会計基準では
商品を出荷したときに収益を計上することが多いけど
IFRSでは、契約内容によっては
お客さまが商品を検収したときに収益を計上することになるんだ。

そうすると、業務プロセスやシステムを
変更しなければならない可能性も出てくるね。

> それは大変だね。
> 他にはどんな影響があるの？

その3　取引をいつ記録するか

収益計上に関していうと、例えば
無料保証サービスつきの製品販売などでは
製品販売の売上と保証サービスの売上を分けて
製品売上を先に計上し、保証サービスは保証期間にわたって
収益を繰り延べるという処理も必要になるんだ。

なんだか細かくて厳密なんだね。

また何かの取引を代理人として行う場合
日本の会計基準では、取引の総額を売上と仕入に計上できたけど
IFRSでは手数料部分のみを純額で計上するんだ。

総額と純額？
どういう意味？

例えば商社などが、100億円のタンカー購入のプロジェクトで
代理人として購入側から105億円を受け取って
船会社に100億円を支払うような場合
日本の会計基準では105億円の売上と100億円の仕入を
計上できるけど、IFRSでは５億円の売上のみを計上する
ってことだね。

だからIFRSの導入によって
商社などは売上規模が大幅に減少する可能性もあるんd。

もちろんこの場合、利益が変わるわけではないけどね。

なんとなくIFRSのほうが
面倒だけど実態をきちんと表している気がする。

そうだね。

また固定資産の減価償却も
IFRSでは取得原価を重要な構成部分に配分して
個別に減価償却を行うとされているんだ。

例えば航空機などで、機体そのものは長持ちするけど
エンジンは途中で取り替えるというような場合
機体とエンジンを分けて、それぞれ個別に減価償却をする
ことになるんだよ。

本当に厳密なんだね。

他にもいくつか異なる部分もあるけど
ここで大切なのは、IFRSと日本の会計基準は
基本的な仕組みは変わらないってことなんだ。

だからまずは日本の会計基準をしっかりと学んで
そのうえでIFRSとの差異を理解していけばいいんだよ。

ここでちょっと ひと休み！ ②

学園祭のたこ焼き屋と会社との違い

会計っていろいろと面倒なんだね。

でも、前に学園祭でたこ焼き屋をやったときは
簿記のわかる人が経理を担当してくれて
ちゃんと複式簿記でやってたけど
こんなに面倒じゃなかった気がする。

もっと簡単にならないの？

確かに、ちょっと普通の感覚とは違う気がするね。

今、例に挙げてくれた学園祭のたこ焼き屋と、普通の会社との
一番の違いは何だと思う？

大きさが違うよ。
たこ焼き屋の売上はせいぜい1日数万円だもん。

それもあるけど、大きさは本質的な違いではないんだ。

たこ焼き屋は学園祭が終わったらそこでおしまいだよね。
学園祭のたこ焼き屋は、終わりが決まっているけど
普通の会社は、いつ終わるのだと思う？

普通の会社は、会社を終わらせようなんて
考えていないんじゃない？

そうだね。
普通、**会社は、継続することが前提**だよね。

この、**将来ずっと継続することを前提としていること**を
ゴーイング・コンサーンというんだ。
このゴーイング・コンサーンのために
会計はいろいろと面倒な特殊な処理をしているんだよ。

例えば、学園祭のたこ焼き屋で、たこ焼き器を購入しても
それを減価償却することはないよね。

> そうだね。
> たこ焼き器を買っていくらお金がかかったかを記録する
> だけだったよ。

それはなぜかというと
費用も収益も、その学園祭の期間中にしか発生しないからなんだ。

費用も収益も同じ期間に発生しているから
それを繰り延べたり繰り上げたりしなくても
収益と費用の差額で、儲かったか儲かってないかがわかるんだ。

だから、会社も
会社ができたときから解散するまでの儲けを把握するだけなら
学園祭と同じ方法でかまわないんだよ。

> そうか。
>
> 会社はいつ終わるかなんてわからないし
> 解散するまで待っていたら、いつまでたっても
> いくら儲かったのかを把握できないものね。

その通りだね。

そこで会社は、1年とか半年とか、一定の期間を区切って
その期間の損益を把握する必要があるんだ。

減価償却も、ある期間の損益を計算する必要がなければ
資産を買ったときにまとめて費用に計上しても、問題ないよね。

会社がずっと継続することを前提としているから
ある期間の損益を計算するために
減価償却や引当金のような面倒な手続きを行って
費用を複数の期間に配分する必要があるんだよ。

その4

取引をいくらで記録するか

次に、会計のもうひとつの重要な要素である
取引をいくらで記録するか、という問題について説明しよう。

> さっきの「いつ記録するか」っていう問題は
> いろいろな考え方があるのはわかったけど
> 「いくらで記録するか」なんて、そんなに問題になるの？
>
> 取引のときに払ったり、受け取ったりした金額で
> 記録すればいいんじゃない？

そうだね。
取引した時点で、いくらで記録するかは
それほど問題ではないんだ。

それよりも問題になるのは
**一度計上した資産や負債を、財務諸表を作る際に
いくらで評価するか**ってことなんだ。

> 評価ってどういうこと？

**資産や負債は、その資産を買ったり、借金をしたりしたときの
お金の増減の額で計上する**よね。

例えば、100円の商品を買った場合、仕訳は

（借方）商品　100　　　（貸方）現金預金　100

となるね。

これは、資産である商品が100円増えて
同じく資産である現金預金が100円減ったってことだね。

つまり、計上される商品の金額は
支払った金額である100円になるね。

このように、財務諸表に計上されている金額を
帳簿価額（ちょうぼかがく）または**簿価**（ぼか）というんだ。

この商品の帳簿価額を、**貸借対照表を作成するときにいくらにするか**が問題なんだ。

えっ
別に100円のままで、いいんじゃないの？

基本的にはそうだね。

100円で仕入れた商品がまだ売れていない場合
このまま何もしなければ、貸借対照表の資産の部に
「商品　100」と記載されるね。

でも、資産は会社に将来お金の増加をもたらすものだよね。

　　　　　　　　　　　　　　　← p.77参照

このお金の増加額は、将来の見込みにすぎないから
時間の経過や状況によって、変わってしまうことがあるんだ。

> **ここがカギ** 資産は、将来のお金の増加を示すものであるが
> 将来のことであるため、状況によって変化してしまうことがある。

会社の見込みが外れるってこと？

見込みが外れることもあるし、商品の値段が下がってしまったり
予測不可能な事態が発生する場合もあるね。

いずれにしても
将来のお金の増加額が変化したのに、資産の金額をそのままに
していたら投資家や債権者が誤解してしまうね。

それじゃあ
資産の金額を変えればいいんだね。

ところが、そういうわけでもないんだ。

将来のお金の増加額が変化したといっても
やっぱり将来のことだから、その変化後の金額も
確実なものではないよね。

将来これだけのお金が入るはずだ、と勝手に予測して
資産を評価してしまったら
その数値が信頼できなくなってしまうね。

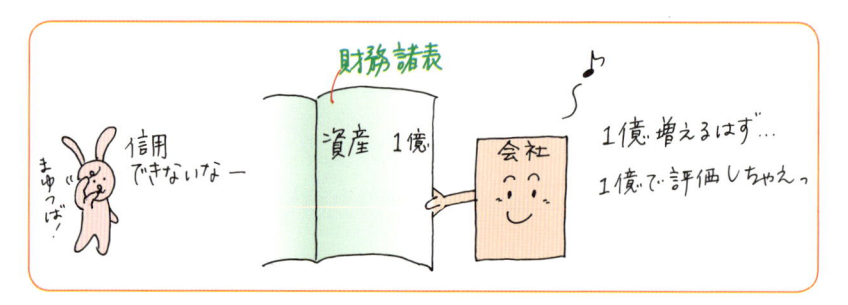

会計の数値は
それが信頼できるだけの客観性が不可欠だから
会社の予測に基づいて自由に変えてしまってはいけないんだ。

> **ここがカギ** 会計数値は、それが信頼できるだけの客観性が必要なため
> 予測に基づいて勝手に数値を変更してはならない。

それはわかるけど
資産がいくらで評価されるかなんて、そんなに重要なの？

別にいくらで評価されても、かまわない気もするけど。

そういうわけにもいかないんだ。
実は、**資産の評価は、会社の損益にも影響を及ぼす**んだよ。

えっ
どうして資産の評価と、損益が関係あるの？

会社が持っている土地が買ったときよりも値下がりした場合
例えば200円の土地が150円になった場合の処理を
考えてみよう。

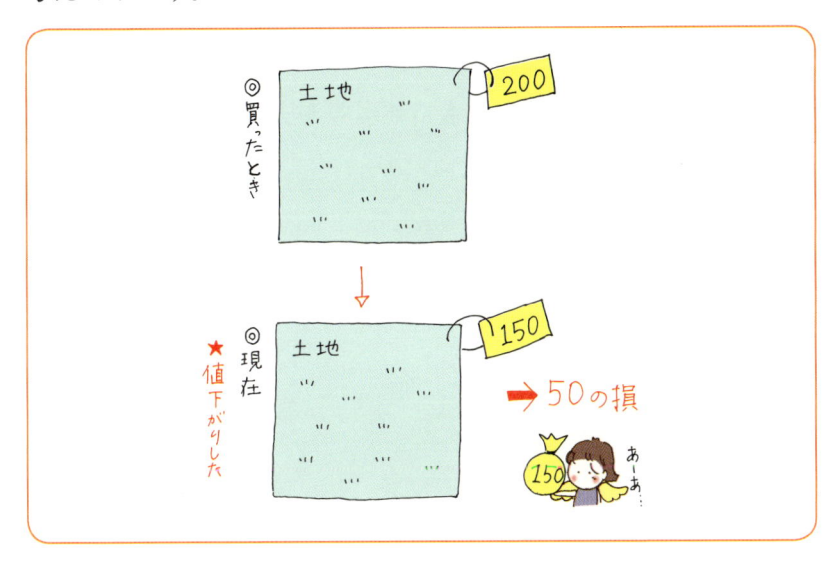

（図：買ったとき 土地 200 → 現在 土地 150 値下がりした → 50の損）

会社にとっては、50円の損になるけど
その場合の会計処理はどうなると思う？

　　　土地の値段を
　　　50円減らせばいいんじゃないの？

そうだね。
借方科目である土地の金額を減らした場合
それだけ、会社が将来得られるお金の額が、減ることになるね。

でも、複式簿記の場合、常に貸借で考えるのだったね。

だから、同額だけ借方の数値も増やさなければならないんだ。

あ、そうか。
複式簿記だと、借方と貸方の両方があるから
ただ単に土地を150円に直すだけじゃだめなんだ。

でも、借方の勘定科目は何にすればいいの？

資産の金額を減らした場合の会計処理の方法には
いくつかの考え方があるんだ。

詳しくは『理解編』で説明するけど
土地の値段が下がったことは、会社にとってマイナスだから
基本的には、費用になるんだ。

ということは、土地の値段が50円減って
費用も50円増えるから

（借方）　土地値下がり損　50　（貸方）　土地　50

になるんだね。

そうだね。

だから、資産の金額を減らすと
その分だけ費用が増えて、損益も減ることになるんだ。

> **ここがカギ**　資産の金額を増やすと、その分だけ収益が増え、損益が増加する。資産の金額を減らすと、その分だけ費用が増え、損益が減少する。

このように
資産の金額を増やすときに発生する収益を**評価益**（ひょうかえき）
資産の金額を減らすときに発生する損失を**評価損**（ひょうかそん）
というんだ。

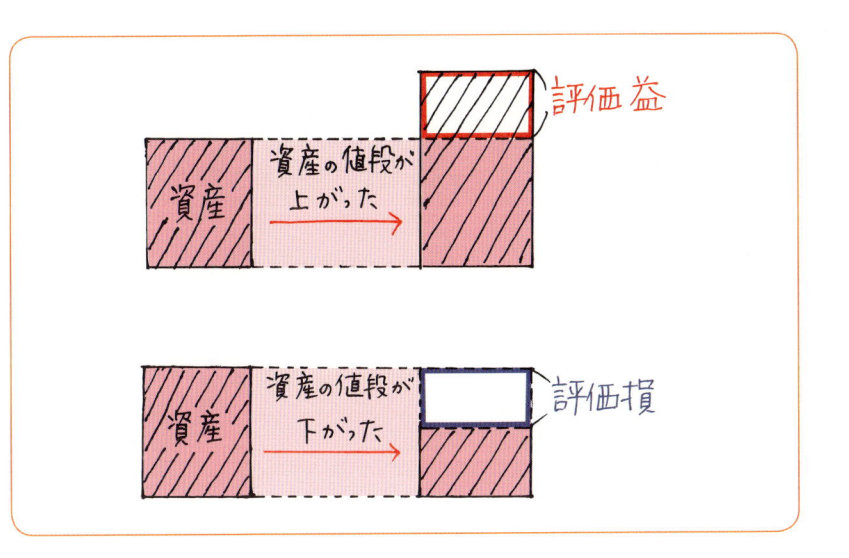

[図: 資産の値段が上がった場合の評価益と、資産の値段が下がった場合の評価損を示す図]

そうか、資産の評価といっても
損益にも影響があるから、簡単にはいかないんだね。

今の例からわかるように
資産の金額を変えるかどうか、という問題は
評価損益をいつ計上するか、という問題と裏返しの関係にあるね。

資産の金額をそのままにしておけば
評価損益は計上されないし
資産の値段の変動に合わせて資産の金額を変えれば
評価損益が計上されるからね。

> **ここがカギ**
> 資産の評価の問題は
> 費用や収益をいつ計上するか、という問題と表裏一体である。

この章では、資産の評価についての基本的な考え方を説明しよう。

取得原価主義

資産は
その資産を買ったときに、支払ったお金の額で計上されるね。

この「その資産を買うために支払ったお金の額」を
取得原価（しゅとくげんか）というんだ。

基本的に、**資産の金額は、取得原価のまま変えない**んだ。

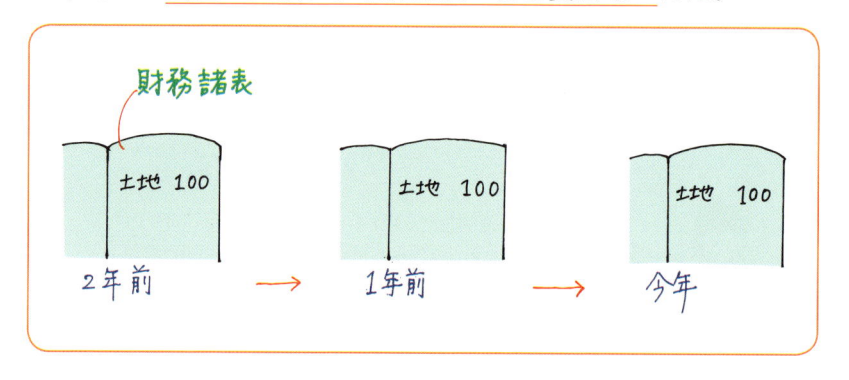

```
財務諸表

 土地 100      土地 100      土地 100

  2年前    →    1年前    →    今年
```

えっ
資産の金額が、ずっと同じままってこと？

そうだね。

正確にいうと、資産のうち、建物などのように
将来にわたって費用を配分する資産は期末に減価償却するから
その分資産の金額が小さくなるね。

← p.140参照

減価償却も、あくまで取得原価をもとに
費用を配分する手続きだといえるね。

このように、資産を取得するために支払った金額をもとに資産を評価する考え方を
取得原価主義（しゅとくげんかしゅぎ）というんだ。

事業用資産は、取得原価主義で評価するんだよ。

> **これはおぼえよう**
>
> 資産を買うために支払った金額を取得原価という。
> 資産を取得原価で評価する考え方を、取得原価主義という。
> 事業用資産は、取得原価主義で評価する。

時価主義

これに対して、時価主義という考え方もあるんだ。

時価主義？

時価（じか）って
お寿司屋さんなんかでいう時価と
同じこと？

お寿司屋さんでいう時価は
値段が決まっていなくて、そのときの値段ってことだよね。

会計の時価も、そのときの値段という点では同じで
<u>貸借対照表を作る期末時点の値段</u>という意味なんだ。

そのときの値段って
どうすればわかるの？

その資産の**公正な評価額**（こうせいなひょうかがく）を用いるんだ。

公正な評価額は
資産を売る側と、買う側の双方が
お互いに納得がいくようにして決めた価格のことなんだ。

例えば、有価証券であれば
有価証券を売買する証券取引所や店頭市場で決まった価格は
多くの独立した人たちの需要と供給で価格が決まるから
公正な評価額といえるね。
だから、金融資産は原則として時価で評価するんだ。

時価で評価することで
年度末にその資産を売った場合に
いくらのお金が得られるかがわかるようになるんだ。

まとめると、金融資産は
資産からどれだけお金を得られるかがわかるように時価で評価して
事業用資産は取得原価で評価するってことだね。

資産は将来どれだけお金が増えるかを示すんだよね。
だったら事業用資産も時価で評価すれば
いいんじゃないの？

実は、何百年も前に会計ができたころは
すべての資産を時価で評価していたんだ。

そのころは、会社はずっと存在し続けるものではなかったし
会社の資産を売り払った場合に、いくらのお金になるかが
重要な問題だったからね。

でも、今の会社はずっと事業を続けることが前提だよね。

会社の資産のうち建物や工場などの事業用資産は
売るのではなくて、資産を事業で使用することで
お金を増やすものだよね。

**会社は売るつもりはないのに
資産を全部売ったらいくらになるか、なんて情報を載せても
株主や債権者にとって、意味がない**よね。

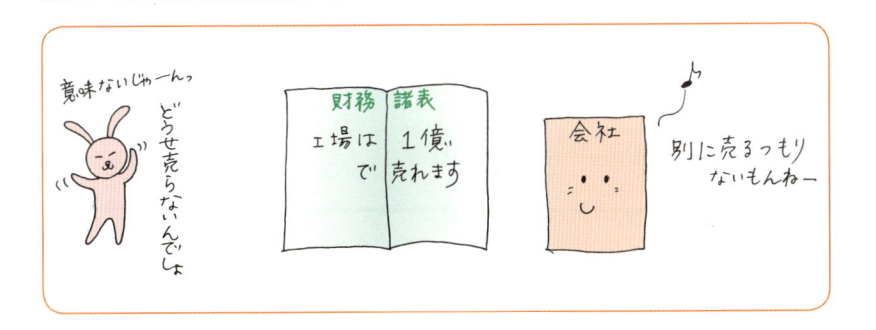

そうか
会社は、工場を売って儲けるわけではなくて
工場を使用してお金を稼ぐんだものね。

その通りだね。
会社が倒産して清算するのでもない限り
すべての資産を時価で評価しても意味はないんだ。

だから、現在の会計では、金融資産は時価で評価して
事業用資産は取得原価で評価しているんだ。

> **ここがカギ** 会社は、事業を続けることが前提であり
> 事業に使用する目的の資産を時価で評価しても意味がない。

ちなみに、IFRSは完全な時価主義で
すべての資産を時価で評価すると誤解されることが多いけど
IFRSでも事業用資産は取得原価
金融資産は公正価値（時価）で評価するから
日本の基準と大きく変わるわけではないんだ。
（ただし棚卸資産以外の事業用資産は公正価値による再評価
を選択可能）

日本の会計基準でいう時価と、IFRSの公正価値は
厳密にはまったく同じではないけど
ほぼ同じものだと思ってくれればいいよ。

事業用資産の金額の意味

> 時価で評価しないってことは
> 事業用資産の金額は
> いくらお金が増えるかとは関係ないの？

そんなことはないよ。

例えば、「商品　100」とある場合
この100円は、商品を買ったときに支払った金額を意味するよね。
でも、100円で仕入れた商品を100円で売ることは
普通はしないよね。

> それはそうだよ。
> 会社は儲からないじゃん。

普通は100円以上で売ろうとするよね。

つまり、この100円は
少なくとも、その商品からは100円以上のお金がもたらされる
ことを意味することになるね。

また、「工場　100」とある場合
この100円も、工場を買ったときに支払った金額を意味するよね。

会社がお金を支払って工場を建てるのは
工場を使って作った製品などを売って
その投資したお金以上に将来お金を回収できると考えたから
だよね。

つまり、**工場を建てるのに支払ったお金よりも**
多くのお金が回収されるはずだね。

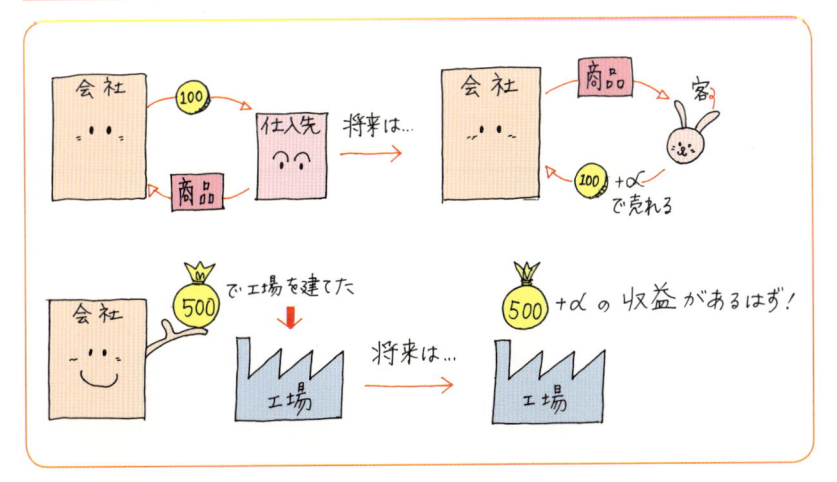

> ということは
> 商品も工場も、その金額以上に
> 将来お金が増えるってこと？

その通りだね。

つまり、商品や工場などの事業用資産の金額は
資産を手に入れたときに支払った金額であると同時に
その金額以上に将来お金が増加するはず
ということを意味しているんだ。

> **ここがカギ** 事業用資産の金額は、その金額以上に、将来会社のお金が増加するはずということを意味する。

商品・製品の評価

あれ、でも事業用資産を時価で評価しないのは
会社がその資産を売るつもりがないからだよね。

会社が持っている商品なんかは、売るためのものなのに
これも、取得原価で評価するの？

原則としては、そうだね。

例えば
100円で仕入れた商品の時価が150円だったとしても
商品を実際に売るまでは商品を150円で評価することは
しないんだ。

どうして？
資産は、将来お金の増加をもたらすものなんだから
150円で評価したほうが、投資家や債権者にとって
役に立つんじゃないの？

資産の評価は、費用や収益をいつ計上するかという問題と
表裏一体だったよね。　　　　　　　　　← p.173参照
この場合、100円で仕入れた商品を150円で評価すると
原則として50円の評価益が計上されるね。

でも、まだ商品が売れていないのに
50円の収益が計上されるのは、おかしいよね。

この50円の収益は、**商品をがんばって売ったことによる
事業活動の成果**だから
商品を売ったときに計上されるべきなんだ。

成果が出てないのに、収益が計上されたら
収益と事業活動が対応しなくなるからね。

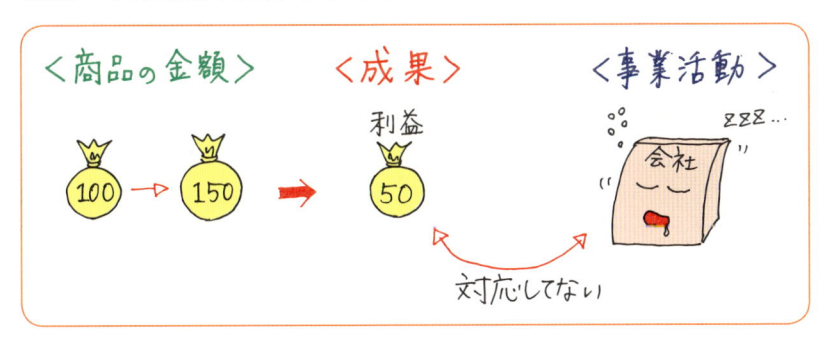

<商品の金額> <成果> <事業活動>

100 → 150 → 利益 50

対応してない

> だから、商品は売れるまで
> 仕入れたときの値段のままにしておくんだね。

そうだね。
商品が売れるまで取得原価のままにしておくという考え方
つまり取得原価主義が採用されているのは
会計数値が会社の事業活動の成否を適切に示すためといえるね。

> 「事業活動の成否」って
> どういう意味？

**収益を得るために、どれだけの費用がかかって
その結果どれだけの損益を得たか**ということだよ。

例えば、商品を100円で仕入れて150円で売る場合
費用を100円、収益を150円とすることで
この商品の仕入と販売という事業活動が50円のリターンを生んだ
ことになるよね。

> 取得原価主義のおかげで
> 費用と収益が、会社の事業活動の成否を表すことに
> なるんだね。

> **ここがカギ**
> 会計数値が、事業活動の成否を適切に示すために
> 商品は、原則として、販売されるときまで評価損益を計上しない。

検証可能性

また、事業用資産を取得原価主義で評価する理由として
取得原価が**検証しやすいから**、というのも挙げられるね。

> 検証しやすいってどういうこと？

金額が正しいかどうかを確かめられるってことだよ。

例えば、商品が150円で売れそうだと思っても
実際に売れる保証はないし
人気がなくなって、安くしか売れなくなるかもしれないよね。

> そうか。
> 会計の数値は、信頼できるだけの客観性が
> 必要なんだったね。

時価は、**もし売ったとしたら**
という仮定に基づくものだから、客観性に欠けてしまうんだ。

これに対して、取得原価なら、買ったときの契約書やレシートを見ればその数値が正しいということはわかるよね。

会計情報の客観性を保つためにも
事業用資産は原則として
取得原価で評価されるんだ。

> **ここがカギ**　会計情報の客観性、検証可能性の観点から
> 事業用資産は取得原価で評価する。

実現主義との関係

また、取得原価主義は
前に説明した**実現主義とも密接に関係している**んだ。

実現主義は
収益は実現したときに計上するという原則だけど
実現主義の理由のひとつに、**配当可能な利益を計算すること**があったよね。　　　　　　　　　　　　　　← p.132参照

収益が増えると、配当でお金が減ってしまうから
収益は費用よりも確実になってから計上する
って話だったよね。

どうしてそれが、取得原価主義と関係あるの？

取得原価主義は、**事業用資産が実際に売れるまで
評価益を計上しない**ということだよね。

これは、資産の販売が実現するまで
つまり、資産を相手に売り渡して売掛金などを受け取るまで
収益を計上しない、という実現主義の考え方と同じだよね。

評価益を計上すると…

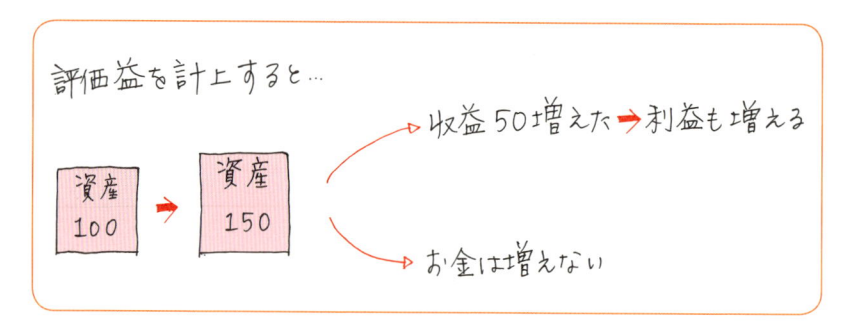

資産100 → 資産150

→ 収益50増えた → 利益も増える

→ お金は増えない

お金は増えていないのに収益だけ増えてしまったら
配当でお金が減ってしまって
会社のお金がなくなってしまうからね。

> **ここがカギ**
> 会社がどれだけ配当できるかを計算する観点からも
> 事業用資産は取得原価で評価する。

金融資産の評価

このように、事業用資産は原則として
取得原価で評価するんだ。

> 資産には事業用資産の他に
> もうひとつあったよね？

そうだね。
有価証券や金銭債権などの金融資産があるね。

> 金融資産はどうやって評価するの？

金融資産は、原則として時価で評価するんだ。

詳しい話は『理解編』の"時価会計"のところですることにしてここでは、有価証券や金銭債権などの金融資産の評価について基本的な考え方を説明しよう。　　　← 『理解編』p.153参照

> **ここがカギ**　金融資産は原則として時価で評価する。

有価証券って何だっけ？

有価証券は
会社が持っている、他の会社の株式や社債のことだね。

有価証券は、売ることで会社にお金の増加をもたらすから
資産になるね。

どうして有価証券や金銭債権は
取得原価ではなく時価で評価するの？

商品や建物、工場などの事業用資産は
会社が<u>その資産を使うことで、お金を増やす</u>ものだよね。

その4　取引をいくらで記録するか

有価証券や金銭債権は、そうではないの？

有価証券は、会社がお金を運用しているものだし
金銭債権は、会社がだれかにお金を貸したり
掛で売り上げたりしたときに発生する
将来お金をもらう権利だよね。

ということは、有価証券や金銭債権などの金融資産は
<u>性質がお金と似ている</u>ね。

　　　　　　　性質がお金と似ているって
　　　　　　　どういうこと？

だれがその資産を持っていても、増えるお金の量に変わりはない
ということなんだ。

別のいい方をすれば
<u>いくらお金の増加があるかを、客観的に予測できる</u>
ということだね。

　　　　　　　有価証券や金銭債権は、将来お金がどれだけ増えるか
　　　　　　　客観的にわかるの？

証券取引所で形成される株価などは
新聞などに掲載されるから
有価証券を売ったらいくらになるかは客観的に証明できるね。

金銭債権も、相手先の財政状態や返済の条件などから
お金の増加額を客観的に見積もることができるんだ。

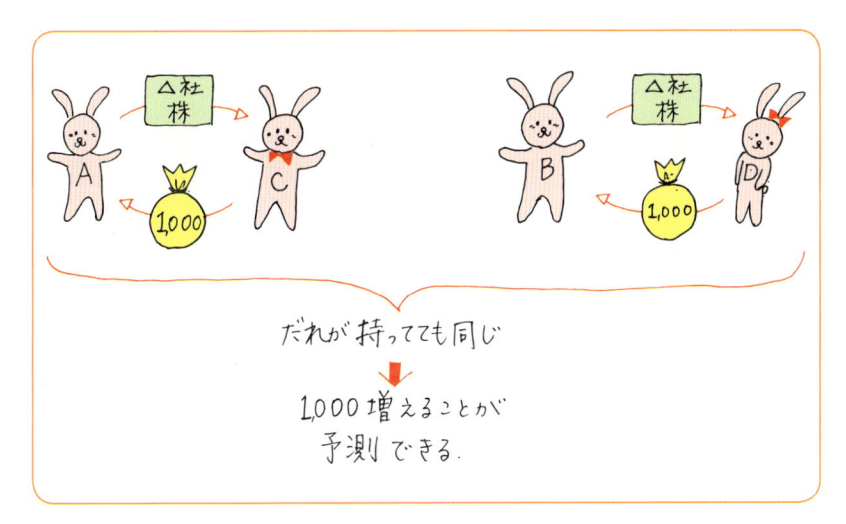

> だれが持ってても同じ
> ↓
> 1,000 増えることが
> 予測できる．

このように、性質がお金と似ているなら
取得原価ではなくて、将来のお金の増加額で評価したほうが
いいよね。

> どうして？

例えば、ある有価証券を100円で買った場合
これを取得原価で評価すると
財務諸表上は「有価証券　100」と記載されるね。

この有価証券が株式だったとして
今の株価が150円だった場合
この株式が会社にもたらすお金の増加額は、いくらになると思う？

> 今の株価が150円なら
> 150円で売れるってことだよね。
>
> だから、当然150円じゃないの？

そうだね。

それなのに、有価証券の金額が100円のままだと
会社に将来どれだけお金の増減があるかわからなくなってしまう
よね。

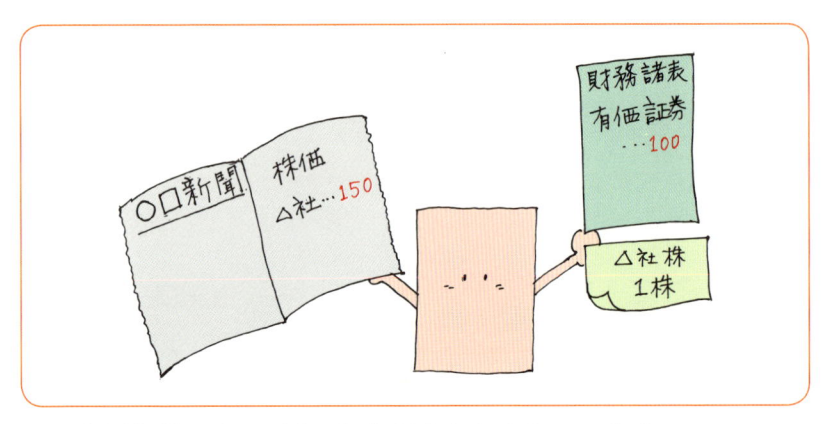

その有価証券から150円のお金がもたらされることを
客観的に証明できるなら
貸借対照表上の有価証券も150円と記載されるべきなんだ。

ということは
有価証券や金銭債権は、今の値段で評価するの？

時価のある有価証券は、そうだね。
また、金銭債権には公正な評価額が存在しないから
どれだけ回収できるかを見積もって
その回収可能額で評価するんだ。

> **ここがカギ**
> 時価のある有価証券は時価で評価し
> 金銭債権は回収可能額で評価する。

商品と有価証券の違い

有価証券の時価や、金銭債権の回収可能額に
客観性があるのはわかるけど
商品の時価も客観性はあるんじゃないの？

商品などの販売目的の事業用資産は
実際に販売されたときに、収益と費用を計上することで
事業活動の成否を適切に表すのだったね。　　← p.181参照

だから、販売前には評価益を計上しないんだったよね。
有価証券も同じことなんじゃないの？

確かに、有価証券も
商品と同じように、売ることでお金を増やすよね。

でも、一般に取引されている有価証券は、商品と違って
売ろうと思えば、いつでも売れるよね。

商品を売るということは会社の大切な仕事だから
売れているか、売れていないか、は重要な問題なんだ。

でも、有価証券は、売ろうと思えばいつでも売れるのだから
売れているかどうかは、大した問題ではないよね。

それよりも
**株価などが予想通りに動いて、運用がうまくいっているかどうか
のほうが、重要な問題**だよね。

その4 取引をいくらで記録するか

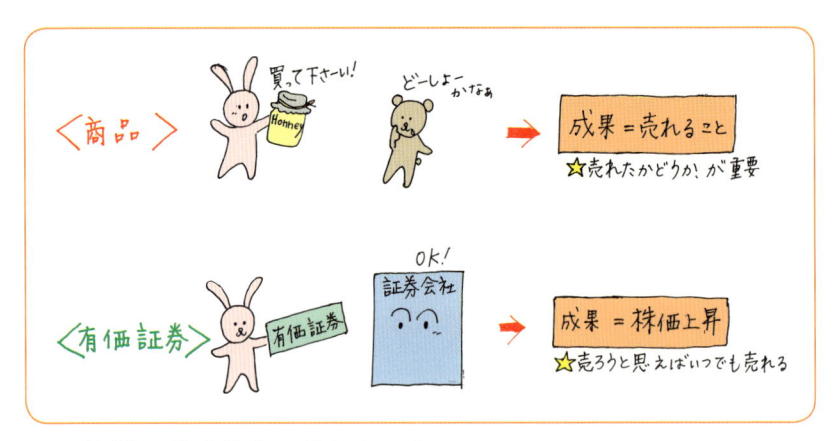

この情報が財務諸表に載らないと
会社のお金の運用が、うまくいっているのか、失敗しているのか
が外部からわからなくなってしまうんだよ。

だから、有価証券の場合は
売却時に収益を計上するのではなくて
時価で評価することで、投資の成否を適切に表示しようとしているんだ。

> **ここがカギ**
> 有価証券は、原則として
> 商品などと異なり売ろうと思えばいつでも売れるため
> 実際に売ったかどうかは重要ではなく
> 時価がどのように変動しているかにより
> 投資の成否を判断する。

ただし、有価証券にもいくつか種類があって
すべての有価証券が時価で評価されるわけではないんだ。

また、有価証券以外にも時価で評価される金融資産があるんだ。

これらについては『理解編』の"時価会計"のところで
詳しく説明するね。　　　　　　　　← 『理解編』p.154参照

棚卸資産の評価

金融資産は時価で
事業用資産は取得原価で評価するって
おぼえておけばいいんだね。

そうだね。

ただ、事業用資産を取得原価で評価するのは
事業用資産の金額よりも将来多くのお金が会社にもたらされる
ことが前提だよね。　　　　　　　　　　← p.178参照

でも実際には、見通しを誤ったり事業環境が変化したりして
予想していただけのお金が回収できないことも
当然あり得るよね。

例えば売る目的で保有している商品は
事業用資産だから取得原価で評価するのだけど
商品が売れ残ったり傷んだりした場合
仕入れたときの価格よりも安い価格でしか売れなくなる
ということも起き得るんだ。

そうしたことが明らかになった場合
商品の金額が取得原価のままだったとしたら
投資家にどのような影響があると思う？

会社は、その商品からはもう、その金額を回収できないと思っているんだよね。

それなのに、その商品の金額が変わらなかったら
投資家が、会社は将来その商品の金額以上のお金を
回収できると誤解してしまうんじゃないの？

そうなんだ。

商品などの在庫を棚卸資産というのだけど
投資家は、棚卸資産の情報から
**会社の経営者が、その棚卸資産から将来どれだけのお金を
稼ごうとしているかを読み取っている**ってことだね。

そこで、投資家が誤解しないように、棚卸資産が
**将来それだけのお金を生み出すことができないとわかった時点で
棚卸資産の金額を減らす必要がある**んだ。

例えば、100円で仕入れた商品が
保管中に傷んでしまって、80円でしか売れなくなったとするね。

本来なら、この商品から100円以上のお金が生み出されるはず
だったのに、80円しかお金が増えなくなったってことだね。

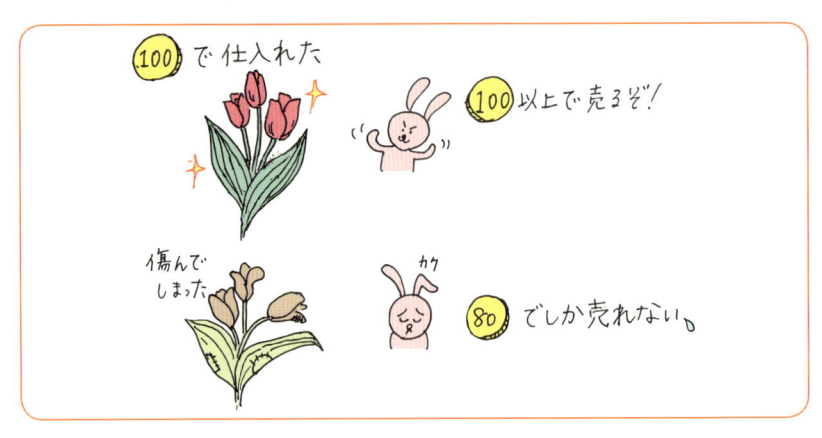

その場合は
商品の金額を80円にするの？

そうだね。
仕訳で示すと

（借方）売上原価　20　　（貸方）棚卸資産　20

として、棚卸資産の金額を減らすんだよ。

借方の売上原価って
どういう意味？

詳しくは6章（その6）で説明するけど、売れた商品を
仕入れるのに支払ったお金のことだよ。　　←　p.266参照

商品が傷んだりして価値が下がった場合
その損失も、商品を仕入れるのにかかった費用と同じ
ように考えて、売上原価にするんだ。

これはおぼえよう

棚卸資産は、将来それだけのお金を生み出すことが
できないとわかった時点で、その期の損失として処理する
必要がある。

ここでちょっと ひと休み！ ③

会社はだれのものか

この本の初めに、株式会社は
所有権を細かく分けて世の中からお金を集める仕組み
だってことを説明したよね。

つまり、上場している株式会社は
**会社の所有権が自由に売買されることを認める代わりに
世の中から多額のお金を集めることができている**
ともいえるね。

> でも会社の所有権が自由に売買されるって
> 考えるとすごいことだよね。
> だれでもお金を出せば
> 会社を買えるってことだものね。

そうだね。

上場している会社は、たとえその会社の経営者が反対しても
議決権の過半数を取得できた人は、その会社を支配して
経営者を入れ替えることもできるんd。

会社を支配した株主は、会社が持っている資産などを切り売り
して儲けることもできてしまうんだよ。

つまり法律上は、会社は株主のもので
株主は会社をバラバラにすることもできる
ってことなんだ。

> 株主が会社の所有権を持っているんだから
> それも仕方がない気もするけど
> 会社をバラバラにしたりするのは
> 何だか嫌な感じがするな。

確かに
会社は従業員を雇ったり、世の中に必要なものを
生み出したりして、社会の一員として存在しているのだから
株主が何をしてもいいというのは極端な考え方だね。

また、会社は株主のものだから、従業員の利益など無視して
株主の利益の最大化だけを目指していればいい
という考え方もあるんだ。

でもそんなことをしていると
従業員が疲弊して価値を生み出せなくなって
長い目で見れば会社の競争力が失われて
株主の利益にも反してしまうよね。

その意味でも、会社は株主のものと単純に考えるのは
適切ではないといえるね。

> そうだよね。
> やっぱり株主が会社をバラバラにするって
> 良くないことだよね。

でも
会社をバラバラにして儲けることができるってことは
その会社の株価が非常に低くなっていて
会社を安く買える状態にあるってことだよね。

株価が安くなっているのは
その会社が資産を有効活用できていなくて
会社に将来性がないと投資家に思われているからだといえるね。

そのような会社が持っている資産は
<u>その資産をより有効に活用できる他の会社に売ったほうが</u>
<u>社会全体にとってもいいことだと考えることもできる</u>んだ。

そうか。
難しい問題なんだね。

ただし、会社は株主のものという考え方がいきすぎると
会社の目的が株価を上げることになってしまうね。

会社の目的は価値を創造することなのに
株価を上げることが目的化してしまうと
会社が本来の役割を果たすことができなくなってしまうんだ。

社会にとって会社は必要な存在だし
会社も社会が支えてくれて初めて存在できるのだから
そうした観点から議論を深めていく必要があるね。

その5 貸借対照表

貸借対照表とは

この章と次の章では、財務諸表について説明しよう。
財務諸表には、貸借対照表、損益計算書
キャッシュフロー計算書があったよね。
(キャッシュフロー計算書については『理解編』で解説)

初めに
貸借対照表（たいしゃくたいしょうひょう）（バランスシート、B/S、Balance Sheetともいう）について説明しよう。

> 貸借対照表って勘定科目のうち
> 資産（しさん）と負債（ふさい）と資本（しほん）
> の情報が載ったものだったよね。　←　p.94参照

資産は、将来会社にお金の増加をもたらすもので
負債は、将来会社にお金の減少をもたらすものだね。

また、資本（純資産）は、株主の持ち分を示すもので
資産から負債を引いて求められるのだったね。

ということは、貸借対照表は
会社が将来どれだけのお金を増やすこと（資産）ができて
そのうち債権者の取り分がどれだけ（負債）で
株主の持ち分がどれだけ残るか（純資産）を示すことになるね。

> **ここがカギ** 貸借対照表は、会社の将来のお金の増加額、減少額、株主の持ち分を示すものである。

貸借対照表の形式は、次の通りだったよね。

資産の勘定科目	負債の勘定科目
	資本の勘定科目

これを、もう少し詳しく見てみよう。

資産や負債、資本には、それぞれ種類があって
実際の貸借対照表は、もう少し細かく、次のように区分されているんだ。

(資産の部)		(負債の部)	
流動資産	1,500	流動負債	500
		固定負債	1,000
固定資産	1,400		
有形固定資産	1,000	(純資産の部)	
無形固定資産	300	株主資本	1,200
投資その他の資産	100	評価・換算差額等	100
		新株予約権	100
繰延資産	100	少数株主持分	100
合　計	3,000	合　計	3,000

左側の(資産の部)に資産の勘定科目
右上の(負債の部)に負債の勘定科目
右下の(純資産の部)に資本の勘定科目
が記載されるんだ。

右下の純資産の部は、資本だけでなく
資産、負債、資本、収益、費用のいずれにも
当てはまらない科目が掲載されるから
純資産の部という呼び方をしているんだ。

この点はあとで説明するね。

> 流動資産、固定資産、繰延資産
> 何だか難しそうな名前だね。
> どうして、こんなふうに区分する必要があるの？

資産がお金の増加、負債がお金の減少をもたらすといっても
いつの時点でお金の増減が生じるかは、わからないよね。

そこで、**お金の増減が生じるまでの期間**によって
資産や負債を分けているんだ。

それに、一口に資産、負債、純資産といっても
性格の違うものもあるから
区分して、わかりやすく表示しているんだよ。

貸借対照表に対する誤解

また、よく誤解されるのだけど
貸借対照表は、会社の財産目録ではないんだ。

貸借対照表の左側、つまり資産の部には
現金預金や売掛金、建物などがあるから、貸借対照表は
会社が持っている財産リストみたいに見えてしまうね。

でも、建物などの事業用資産は
支出のうち、将来の収益に対応させるために
繰り延べられたものだったよね。

だから、貸借対照表に「建物　100」と載っていても
その建物を今売ったら100円になるわけではなくて
建物を取得した金額のうち、まだ減価償却していない金額
が100円であることを示すのだったね。　　　← p.145参照

> 貸借対照表上の金額は
> 会社が持っている資産の今の値段とは、関係がないんだね。

簿記の解説本の中には
貸借対照表を財産目録として説明しているものもあるけど
それは明らかに間違いだから、注意してね。

> **ここがカギ**　貸借対照表は、会社の財産目録ではない。

財政状態

> 貸借対照表は、財産目録じゃなくて
> 将来のお金の増減や
> 株主の持ち分を示すものなんだね。

そうだね。

また、貸借対照表は
会社の**財政状態**（ざいせいじょうたい）を示すものともいえるね。

> 財政状態ってどういうこと？

財政状態は
会社がどこからお金を集めてきて
そのお金がどのような状態にあるかということだよ。

> **ここがカギ** 貸借対照表は、会社がどこからお金を集めてきて
> そのお金がどのような状態にあるかを示す。

具体的には
貸借対照表の右側にある負債と純資産（資本）が
お金をどこから集めてきたかを示し
左側にある資産がその集めてきたお金が
どのような状態にあるかを示しているんだ。

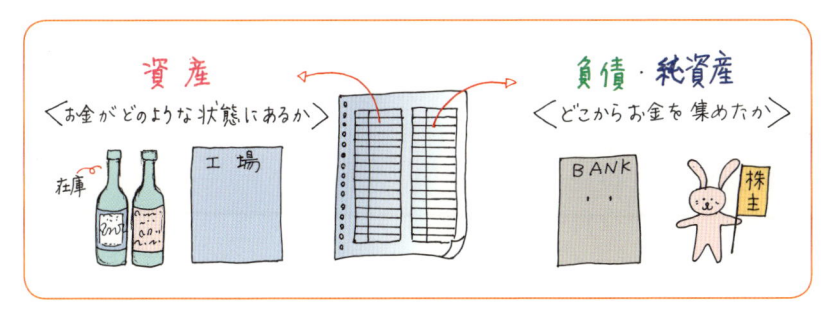

資産
〈お金がどのような状態にあるか〉

負債・純資産
〈どこからお金を集めたか〉

そうか
負債は銀行などから借りてきたものだし
純資産（資本）は株主が投資したものだから
お金をどこから集めたかを示すね。

あれ、でも純資産（資本）には
会社が今まで貯めてきたお金も含まれるんだったよね。
これもお金を集めたことになるの？ ← p.82参照

会社は、利益を配当しないで取っておけば
そのお金を使うことができるから
お金を集めたのと同じ効果があるんだ。

その **5** 貸借対照表

このように、利益を配当しないで取っておくことを
内部留保というんだったね。
会社にとって、内部留保も、お金を集める有効な手段なんだよ。

> 取っておくっていっても
> 実際に金庫や銀行口座に、それだけのお金があるわけじゃ
> ないんだったよね。　　　　　　　　　← p.84参照

その通りだね。

実際にお金がいくらあるか、という情報は借方に記載される
のであって
貸方の情報は、そのお金を調達したときの調達額を示すんだ。

> さっき借方の資産が
> お金の状態を示すっていってたけど、どういう意味？

建物などの事業用資産は
調達したお金を投資したものだよね。
つまり、お金が投資の段階にあるね。　　　　← p.66参照

また、売掛金などの資産は
商品などが売れることで手に入れたものだから
お金が回収段階にあることを示すね。　　　← p.68参照

つまり、貸借対照表の資産の部は
調達されたお金が、会社がお金を増やすプロセスの中で
どの位置にいるか、を示すものだといえるね。

ここがカギ　貸借対照表は、調達されたお金が、会社がお金を増やすという
プロセスの中でどの位置にいるか、を示すものである。

ちなみに
資産全体、これは負債と純資産（資本）の合計でもあるけど
これを**総資産**（そうしさん）といったり
総資本（そうしほん）といったりするんだ。

「総」は、**すべて**という意味だから
資産全体、つまり負債と純資産（資本）の合計を示すんだ。

> **これはおぼえよう**
>
> 資産全体の額（＝負債と純資産［資本］の合計）を
> 総資産、または総資本と呼ぶ。

流動資産

次に、各項目を細かく見ていこう。

まず借方の「資産の部」からだね。

資産の部は
流動資産（りゅうどうしさん）、**固定資産**（こていしさん）
繰延資産（くりのべしさん）の３つに大きく分かれているね。

流動、固定ってどういう意味？

資産は、将来会社にお金の増加をもたらすものだったよね。

流動、固定というのは
会社にお金の増加をもたらすまでの時間が短いか長いかってことなんだ。

正確にいえば、流動資産は
通常の営業活動で生じる資産、または1年以内にお金になる資産
固定資産は、お金になるまで1年より長くかかる資産のこと
なんだ。

ここでは、流動資産は
お金になるまでの時間が短い資産だとおぼえておけばいいよ。

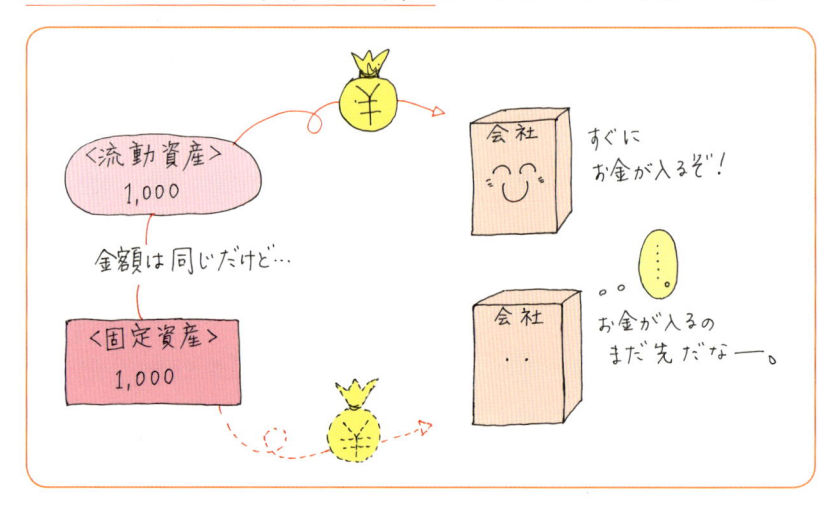

> これは**おぼえよう**
>
> 流動、固定とは、お金になるまでの時間が短いか
> 長いか、という意味である。

ということは
流動資産、固定資産の順で記載されているから
お金として回収されるまでの時間が短いものから順に
記載されているってこと？

その通りだね。

> **ここがカギ** 一般的な貸借対照表は、お金になるまでの時間が短い順に記載されている。

同じお金の増加でも、いつお金になるかで
会社にとっての価値は異なるよね。　　　　← p.43参照

　早くお金になれば、そのお金をまた別の目的で使うことが
　できるから、会社にとっては価値が高いんだったね。

お金が、固定資産の状態でいるってことは
投資したお金が固定資産に閉じ込められて
回収まで時間がかかるってことだね

　流動資産は、お金になるまでの時間が短い資産なんだよね。
　どんなものがあるの？

現金や預金は、お金そのものだから、当然流動資産だね。

また、受取手形や売掛金
棚卸資産（たなおろししさん）も流動資産になるね。

ほかには、1年以内に売る予定の有価証券や
1年以内に返済される貸付金もそうだね。

　棚卸資産って何？

棚卸資産は
会社が販売する目的で持っている商品や製品
つまり**在庫**（ざいこ）のことだね。

回転率、回転期間

売上債権や棚卸資産の金額を見ると
会社がどれだけ効率的にお金を増やしているか
に関する情報を得ることができるんだ。

> 売上債権や棚卸資産が
> 会社のお金を増やす効率と、どう関係があるの？

前に、お金の回転の話をしたよね。　　　　　← p.42参照

あのときは
会社のお金が調達され、投資され、回収されるまでを
回転といったけど、**売上債権や棚卸資産についても
回転の速さが問題になる**んだ。

> 売上債権や棚卸資産の回転って
> どういうこと？

売上債権の場合
売上債権が発生して、それがお金として回収されるまでを
一回転とするんだ。

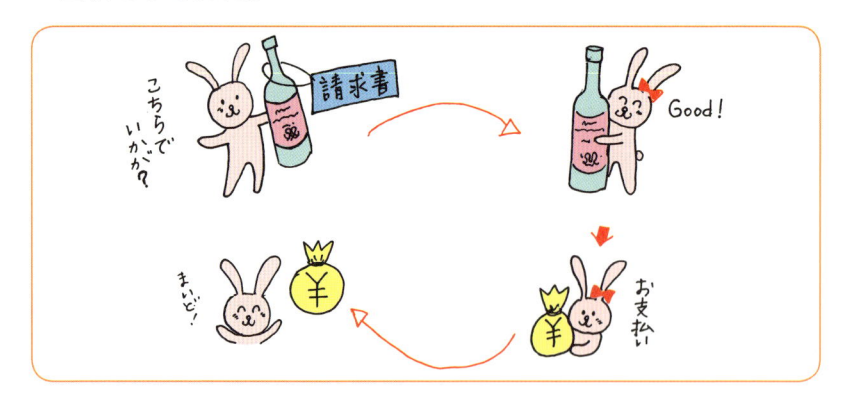

この回転も、速ければ速いほどいいんだ。

> どうして、売上債権の回転が
> 速いほうがいいの？

実は、どんなに売上を増やしても
売上債権の回転が遅かったら、会社にとっては問題なんだ。

> えっ、どういうこと？
> 会社は売上がたくさんあればいいんじゃないの？

会社は、売上を増やすことが最終的な目的ではなくて
あくまで、お金を増やすことが目的だよね。

ということは
売上債権がどんなに増えても、会社にとっては無価値であって
それがお金として回収されなければ
会社のお金を増やすことにはならないんだ。

だから、売上債権は
なるべく早くお金として回収されるべきなんだよ。

> そうか、だから回転が速いほどいいんだね。
> でも、その回転の速さは、どうやって測るの？

売上高を基準にして
回転期間（かいてんきかん）や**回転率**（かいてんりつ）が算出できるんだ。

回転期間は、**売上債権がお金になるまでの時間**のことで
「売上債権回転期間＝売上債権÷売上高（月平均）」
で計算できるんだ。

> どうして売上債権を売上高（月平均）で割ると
> 回転期間が計算できるの？

例えば、売上債権の残高が100万円で
1カ月の売上高が50万円だったとするね。

1カ月の売上高が50万円なのに
売上債権が100万円も残っているということは
2カ月分の売上の売上債権が、まだ回収できていない
ってことになるね。

```
＜売上債権 残高リスト＞

|    | 売上 |      |
| 5月 | 50万 | 回収済 |
| 6月 | 50万 | 未   |
| 7月 | 50万 | 未   |
```

だから、この場合の売上債権回転期間は
100÷50＝2カ月になるんだ。

当然、この回転期間は、短いほどいいよね。
回転期間が短いほど、すぐにお金になるってことだからね。

他に、回転率という指標もあるのだけど
これは、**ある期間中に売上債権がお金になる回数**のことで
回転率は回転期間の逆数なんだ。

具体的には
「売上債権回転率＝売上高÷売上債権」で計算できるね。

今の例では50÷100＝0.5だから
1カ月に売上債権は、0.5回転しかしていないってことだね。

> そうか。
> 1カ月で売掛金は半分しか回収されてないから
> 回転が半分と考えるんだね。
>
> ということは、この回転率は
> 回転期間の逆で、大きいほどいいんだね。

これはおぼえよう

回転期間は、お金として回収されるまでの期間であり
売上債権÷売上高で求められる。回転期間は短いほど良い。
回転率は、一定期間にお金として回収される回数であり
売上高÷売上債権で求められる。回転率は大きいほど良い。

同様のことは、棚卸資産についてもいえるね。

> 棚卸資産も、回転が関係あるの？

会社の目的はお金を増やすことであって
商品を持つことではないよね。
会社が所有する商品がどんなに増えても会社にとっては無価値で
それが販売されなければ、会社のお金は増えないよね。

だから、棚卸資産も売上債権と同じ計算式で
回転期間や回転率を計算して分析するんだ。

資産の流動化・固定化

　　　　　何となく、資産は多いほうがいいような気がしていたけど
　　　　　資産が多いことは、会社にとって必ずしもいいことでは
　　　　　ないんだね。

そうかといって、資産が少なければいいというわけではないよ。

資産は、会社にお金の増加をもたらすものだから
会社が将来成長していくためには、積極的に設備投資をして
資産を増やす必要があるからね。

また、資産が多いということは規模が大きいってことだから
大量生産でコストを引き下げるような「規模の経済」を
働かせることもできるからね。

　　　　　えっ、よくわかんないよ。
　　　　　資産は多いほうがいいの？　少ないほうがいいの？

資産に限らず、会計の数値は<u>金額の大きさだけを見ていても
良いか悪いかを判断することはできない</u>んだ。

例えば、資産が1億円の会社と、資産が10億円の会社で
どちらが優れているかなんていえないんだ。

　　　　　それじゃあどうすればいいの？

会計数値の分析は
<u>他の数値と比較して判断する</u>のが基本なんだ。

例えば、資産の金額を売上や利益と比べて比率を計算したり
同じ事業を営んでいる会社の数値と比較したり
会社の過去の数値と比較したりすることで
その数字が良いか悪いかを判断するべきなんだ。

> **ここがカギ**
> 会計数字は、その絶対値（大きさ）だけを見ていても
> あまり意味はない。
> 売上や利益などとの比率計算、他社との比較、過去との比較
> をすることで意味のある情報を得ることができる。

ただ、一般的なイメージとしては
資産が多いほうが良い会社だと思われているよね。
会社が合併して、総資産世界第何位！　なんてことが
話題になるくらいだからね。

でも実際には**資産が多いと**
会社がお金を稼ぐ障害になってしまうこともあるんだ。

障害になるってどういうこと？

売上債権は、回収されて初めてお金になるし
棚卸資産も、販売されて初めてお金になるよね。
お金になったあとは、そのお金を使ってまた別の投資をしたり
できるけど、**お金になるまでは他の用途に使えない**よね。

その5　貸借対照表

このように、お金が他の目的に使えない状態を
資金が固定化（こていか）しているというんだ。
逆に、自由に使える状態を**流動化（りゅうどうか）している**
というんだ。

**資金が固定化している状態が長いほど
会社は、株主や債権者から預かったお金を有効に使えていない**
ってことになるね。

それだけでなく、お金が売掛金のまま長く留まっていると
管理や回収のコストもかかるし
在庫が増えたら、倉庫を借りたりするお金がかかってしまうよね。

商品などの在庫は
古くなるほど価格は下がるし
売れなくなる可能性も高くなるよね。

売上債権や在庫が多くなると
いいことは何もないんだね。

でも実際には
注文があったときにすぐに出荷できないと
販売のチャンスを逃してしまうと考えて
在庫を多めに取っておく会社も少なくないんだ。

でも、どの商品がどれくらい売れるかを
ちゃんとわかっていれば
無駄な在庫を持たなくてもすむんじゃないの？

その通りだね。

実際、優れた会社ほど、商品の管理や販売予測をうまくやって
在庫を減らしているんだよ。

同じ業界の会社の棚卸資産回転率を比較すれば
お金を効率的に使っているかどうかは
すぐに見分けることができるんだ。

回転率が高い会社ほど、お金を効率的に
使ってるってことだね。

ここがカギ 同じ業界の会社の、売上債権や棚卸資産の回転率を比較すれば
経営効率の良い会社か悪い会社かを、見分けることができる。

会社は、お金を効率的に使わないと
いけないんだね。

重要なことは
お金はただではない、ということを認識することだね。

お金がただではないって
どういうこと？

会社は、株主や債権者から
お金を預かっているのだから
**お金を持っているだけでも
資本コストは発生している**んだ。

← p.31参照

貸借対照表に計上されている資産は
株主や債権者から預かったお金が姿を変えたものだよね。

だから、**それぞれの資産が、資本コスト以上のお金を生み出す
ように効率的に使われている必要がある**んだよ。

| 証券化 |

よく、立派な本社ビルや工場を建てて
これは自分の会社の建物だって自慢する経営者がいるけど
お金の回転の観点からすると、自慢できることではないね。

> えっ
> 立派なビルを持ってる会社は、良い会社じゃないの？

固定資産は、お金が自由に使えない状態にあるってことだから
お金の効率性を悪化させてしまうんだ。

例えば、100億円のビルや工場を建てた場合
そのビルや工場を事業で使用して
100億円以上のお金を回収できると考えたから
お金を払って建てたわけだよね。

でも、実際に100億円を回収するには
10年、20年という長い時間がかかるのが普通なんだ。

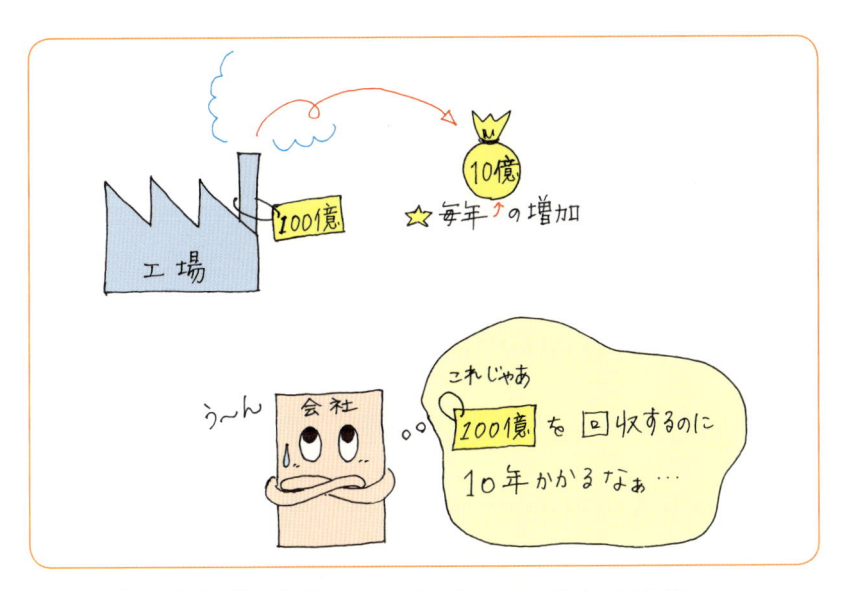

> 工場 100億
> ☆毎年 10億 の増加
> う〜ん 会社
> これじゃあ 100億 を回収するのに 10年かかるなぁ…

それでも工場をずっと使っていれば、元は取れるけど
問題は、**工場を建てるのに使った100億円が、固定化してしまう**
ってことなんだ。

> そうか。
> 会社が工場に投資すると、お金が回収されるまで
> 会社がせっかく集めたお金を、他の目的に使えないものね。

他の目的に使っていれば、もっとお金を
早くたくさん増やすことができたかもしれないのに
それができなかったのだから
株主のお金を有効に使えていないってことだね。

そこで、**証券化**(しょうけんか) という手段を使って
固定化したお金を流動化する方法もあるんだよ。

> 証券化ってどういう意味?

証券化は
不動産などを、文字通り証券にしてしまう手法のことで
固定化したお金の流動化のために行われるんだ。

> 不動産を証券にするって
> どういうこと？

例えば、会社が自社ビルを持っていたとしよう。
会社はそのビルの持ち主だから
ビルの一部をだれかに貸して、賃料を得ることができるね。

不動産を証券化するには
このような「**不動産から得られる収益を受け取る権利**」自体を
細かく分割してその権利を証券で表すんだ。

具体的には
会社はSPC（Special Purpose Company：特定目的会社）と呼ばれる
特別な会社を使って、そこに不動産を売って
SPCは投資家に証券を売るんだ。

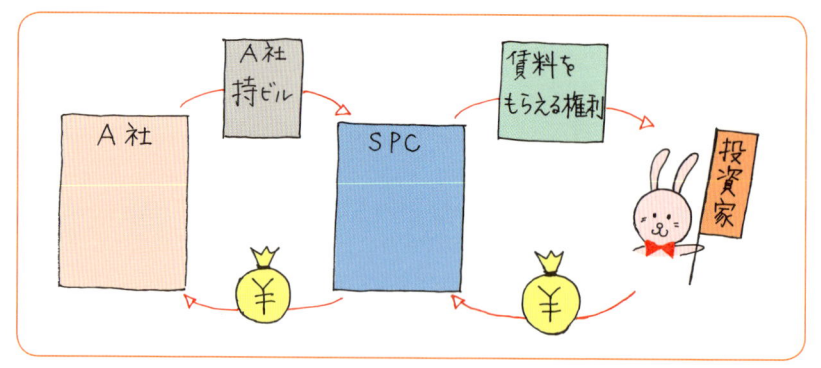

証券を購入した投資家は
そのビルから得られる収益（賃料など）の一部を
分配金として手に入れることができるんだよ。

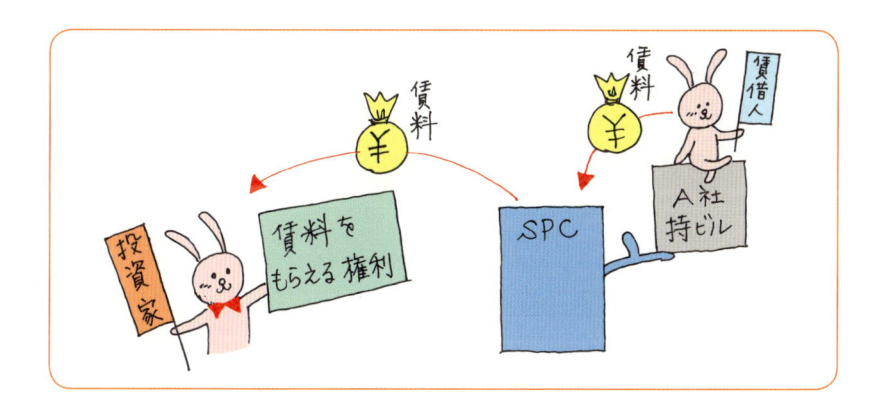

> どうして証券化すると
> 固定化したお金が流動化するの？

会社は、投資家が証券を買うために支払ったお金を
SPCを通じて受け取っているね。

つまり、**自社ビルに固定化していたお金が証券化によって
会社が自由に使えるお金になった**ってことなんだ。

> 証券化って便利な手法なんだね。
> お金を流動化できるんだったら
> 会社が持ってる固定化したお金すべてを
> 証券化してしまえばいいんじゃないの？

実際、あとで説明する不良債権などの他の資産も
証券化の対象になり得るんだ。

でも、すべての資産が証券化できるわけではないんだ。
資産を証券化するには
対象となる資産からお金が得られることが前提なんだよ。

資産がもたらす将来のお金の増加が予測困難な場合は
証券化は難しくなるんだ。

> **これはおぼえよう**
>
> 証券化とは、不動産などから収益を得る権利自体を
> 証券にする手法で、固定化した資産の流動化のために行われる。

有形固定資産

流動資産の次は、固定資産だね。

流動資産は、お金になるまでの時間が短い資産だったね。
これに対し、固定資産は**お金になるまでの時間が長い資産**なんだ。

固定資産は、有形固定資産、無形固定資産、投資その他の資産に
分かれているんだ。

> どうして固定資産は、流動資産よりも
> 細かく分かれているの？

ひとくちに固定資産といっても
性質が大きく異なるものがあるからなんだ。

有形固定資産（ゆうけいこていしさん）は、名前の通り
形のある固定資産のことで
建物や工場、備品、土地などがあるね。

> 有形固定資産の科目は
> わかりやすいね。

建物や工場って聞くと、すぐにイメージできるからね。
でも、そのイメージのしやすさから、誤解もされやすいね。

そうか
貸借対照表に、「建物　1億円」と載っていても
会社が1億円の建物を持っているわけでは
ないんだったね。　　　　　　　　　← p.145参照

その通りだね。

建物は、支出のうち、将来の収益に対応させられるもので
減価償却によって配分するものだから
過去の支出のうち、まだ費用になっていない分が1億円ある
と考えるべきだね。

また、それだけでなく
**その建物を使用することで、将来1億円以上のお金の増加が
もたらされる**ということも読み取れるね。

> **ここがカギ**
> 有形固定資産の金額は、その資産の値段を示すのではなく
> まだ費用化されていない支出を示し、また同時に、
> 将来にもたらされるお金の増加額の下限を示す。

あれ、土地も有形固定資産っていったけど
土地も減価償却するの？

土地も、将来の収益を得るためにお金を払って手に入れた
ものだから、本来であれば減価償却するべきだね。
でも、土地は建物や工場と違って
使用できる期間の限界がないよね。

建物は50年もたてば、古くなって建て替えるよね。
だから、使える年数を見積もって
その使用期間の収益と対応させるために
費用を配分するんだったよね。

その5　貸借対照表

でも土地は、何年たっても使えるものだから
使える年数を見積もって、規則的な方法で配分することができないんだ。

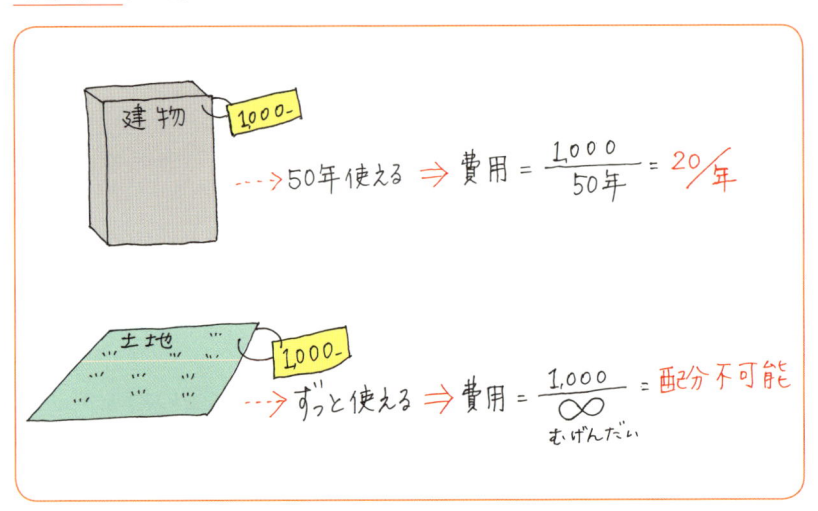

建物 1,000- ---→ 50年使える ⇒ 費用 = $\frac{1,000}{50年}$ = 20/年

土地 1,000- ---→ ずっと使える ⇒ 費用 = $\frac{1,000}{\infty\text{(むげんだい)}}$ = 配分不可能

だから、土地は減価償却の対象にならないんだ。

> じゃあ、土地は取得原価のまま
> 変わることはないんだね。

土地も取得原価以外で評価されることがあるし
販売用の土地と、事業用の土地とでは扱いが異なるんだよ。
土地の評価については、『理解編』の"減損会計"のところで
詳しく説明するね。　　　　　　　　← 『理解編』p.188参照

無形固定資産

次は、**無形固定資産**（むけいこていしさん）だね。

> 無形固定資産ってどういうこと？
> 形がない資産って
> そんなものがあるの？

資産は、会社に将来お金の増加をもたらすものだったよね。

だから、**会社がお金を支払って取得したもので**
将来お金の増加をもたらすのであれば
実体がなくても資産になるんだよ。

> 形がなくて、会社にお金の増加をもたらすなんて
> そんなものが実際にあるの？

例えば、会社がお金を支払って特許を取得した場合
その特許によって、会社はより多くのお金を増やすことが
できるよね。
というより、**会社は払った以上のお金を得られることを見込んで**
その特許を、お金を支払って取得したんだよね。

だから、そういった目に見えない特許権も
資産として計上されるんだ。

他の無形固定資産としては**のれん**が挙げられるね。

> のれんってどういう意味？

会計上ののれんは
会社の超過収益力（ちょうかしゅうえきりょく）のことなんだ。

> 超過収益力？
> 余計わからないよ。

例えば、会社のブランドや知名度、技術力や立地条件などは
それがあることによって、ない場合よりも多くのお金を
会社にもたらすよね。

その5　貸借対照表

**他の条件が同じ場合に、それがあることによって
会社により多くのお金をもたらすもの**が
会社の超過収益力になるんだ。

> わかったような気もするけど、随分いい加減な定義だね。
> それに、その超過収益力がいくらかなんて
> どうやって測るの？

確かに、ブランドがあった場合となかった場合を比べて
ブランドがどれだけ会社のお金を増やすのに役立つか
なんてわからないね。

実は、超過収益力のうち、**無形固定資産の対象になるのは
会社がお金を出して取得したものに限られる**んだ。

例えば、会社の優秀な人材やブランドなどは
それがない場合よりも多くのお金を、会社にもたらすよね。
会社が持っている資産の中で、人材やブランドは
一番大事なものだといってもいいくらいだよね。

でも、残念ながらそれらは会計上の資産にはならないんだ。

> 会計上の資産にならないってことは
> そんな大事な情報が
> 財務諸表に載らないってこと？

そこが、会計の限界でもあるんだよ。
会計の役割は、あくまで会社がお金を増やしていくプロセスを
記述することだよね。

だから、**会計で記述されるのは、超過収益力のうち
会社がお金を出して取得したものに限られてしまう**んだ。

そうか。
でも、そうした制限をつけないと
何でも会計の対象になってしまうものね。

その通りだね。

それに、会計の情報は信頼できるだけの客観性が必要だよね。

だから、ブランドや人材などを
「将来これだけのお金を増やすはず」
と勝手に予測して、資産として計上するわけにはいかないんだ。

会社の将来性を分析するときには
そうした会計の限界をよく理解したうえで
会計ではとらえきれない会社の強みも、把握する必要があるね。

> **ここがカギ**
> 会社にお金の増加をもたらす超過収益力のうち
> 資産として認められるのは、会社がお金を支払って
> 取得したものだけである。
> そのため、ブランドや人材などは会計上の資産にはならない。

のれん

ここで少し、**のれん**について突っ込んで考えてみよう。

のれんのうち、会計の対象になるのは
お金を払って手に入れたものだけなんだよね。

のれんを、お金を払って買うことがあるの？

会計上ののれんは、のれんそのものを買うのではなくて
他の会社を買収する場合などに発生するんだ。

買収ってどういう意味？

買収（ばいしゅう）は
会社が他の会社の株式の全部または大部分を買って
その会社を自分のものにすることなんだ。

会社が事業を行っていくうえで、必要な技術を自分で開発したり
店舗を自分で増やしていくと、時間がかかってしまうよね。

そこで、そうした**時間を節約することなどを目的として**
技術や店舗を持っている会社の株式を購入することで
その会社の技術や店舗を自分のものにすることがあるんだ。

　どうして買収で、のれんが発生するの？

純資産は、株主の持ち分を示すものだったよね。
ということは、A社がB社の株式を全部買収した場合
B社の純資産が、A社の持ち分になるね。

買収されたB社の貸借対照表

資　産	負　債
	純資産（資本） ← A社の持ち分

買収の際には
買収される会社の資産を、現在の時価で評価するんだ。

例えば、B社が30で買った土地の今の値段が50だった場合
土地の帳簿価額を50にするんだ。

そうすると、B社の純資産の金額は、B社の資産をすべて売って
負債を返したあとに残る金額を示すことになるね。

```
B社純資産    =   B社資産    −   B社負債
手元に残る      すべて売ったら    いくら返さなければ
お金の額        いくらになるか    ならないか
```

B社の資産を売って負債を返したあとに残るお金の額が
仮に100だった場合、A社がB社を買収するのに支払う額も
100になるはずだね。

> B社からは100のお金が手に入るから
> A社は100支払ってB社を買収するんだね。

ところが、実際にA社が支払うお金は
B社の純資産よりも高いことが多いんだ。

例えば資産を時価評価したあとのB社の純資産が100だった場合
A社は150を支払ってB社の株式を全部買うことがあるんだよ。

> どうしてA社は
> わざわざ高いお金を出して、B社を買収するの？

それは、**A社が、B社を買収することで
B社の資産を売って負債を返したあとに残る金額よりも
多くのお金を将来得られると思ったから**なんだ。

会社がお金を出して資産を取得するのは
払ったお金以上に、その資産から多くのお金を得られると
考えたからだったね。　　　　　　　　　← p.91参照

その5　貸借対照表

それは、会社の買収についても同じなんだ。

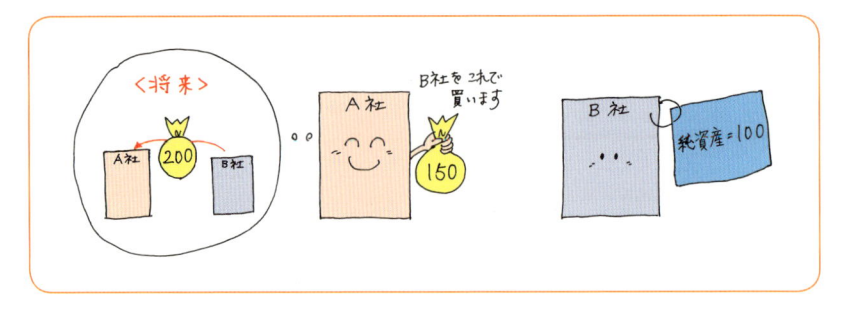

このように
A社がB社の純資産よりも高いお金でB社を買収したときの
「A社の支払額」と「B社純資産」との差額が
A社ののれんになるんだ。

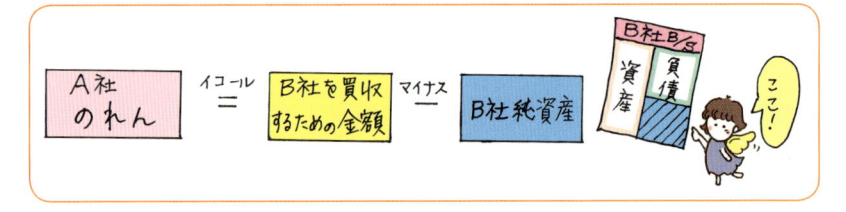

例えば、B社の資産の現在の価値が200、負債が100だとすると
B社の純資産の額は100になるね。

B社が株式を10株発行していて
A社によるB社株式の買取価格が1株15であるとすると
A社が支払う金額は150になるね。

つまりA社は
<u>資産を売って負債を返せば100残るB社を</u>
<u>150のお金を支払って買収した</u>ことになるね。

> ということは、A社は、B社から150以上の
> お金を得られると考えたってことだね。

その通りだね。
そこで、A社が支払った150とB社の純資産100との差額50を
B社の超過収益力と考えてのれんという勘定科目で表すんだ。

仕訳で示すと

> （借方）買収された会社の資産　200　（貸方）買収された会社の負債　100
> 　　　　のれん　　　　　　　　 50　　　　　　現金預金　　　　　　　150

となるね。

のれんは超過収益力、つまり将来の一定期間にわたって
その金額以上のお金が得られることを示すものだね。

ということは、建物などの有形固定資産と性質は同じだね。

そこで、のれんは20年以内の一定期間内に償却するんだ。

> 建物とかと同じように
> 減価償却するんだね。

無形固定資産の場合は、減価償却ではなく償却というんだ。

例えば5年で償却する場合は

> （借方）のれん償却費　10　（貸方）のれん　10

となるんだ。

ちなみにIFRSでは、のれんは償却せず
『理解編』で説明する減損処理をすることになっているんだ。

この点は『理解編』のコラムで詳しく説明するね。

← 『理解編』p.201参照

> **これはおぼえよう**
>
> 他社を買収する際に、買収される会社の純資産の額
> よりも高いお金を支払った場合の差額をのれんという。
> のれんは20年以内の一定期間で償却する。

投資その他の資産

固定資産のうち、有形固定資産、無形固資産以外のものを
投資その他の資産（とうしそのたのしさん）というんだ。

> 投資その他の資産には
> 何があるの？

会社が持っている有価証券や貸付金の中には
売却や返済までに1年を超えるようなものや
売ることを予定していないものもあるんだ。

このように
お金になるまで長い時間を要するような資産で
有形固定資産にも無形固定資産にもあてはまらない資産が
「投資その他の資産」に計上されるんだよ。

> **これはおぼえよう**
>
> お金になるまで長い時間を要する資産のうち
> 有形固定資産、無形固定資産以外のものを
> 投資その他の資産という。

繰延資産

資産の最後は、**繰延資産**（くりのべしさん）だね。

繰延資産には、株式交付費、社債発行費
創立費、開業費、開発費などがあるんだ。

> あれ、社債発行費とか開発費って、費用じゃないの？
> 費用は損益計算書に載るんだよね。

社債発行費（しゃさいはっこうひ）などは、名前は費用みたいだけど
これは、過去の支出のうち将来の収益を獲得するためのもの
のことなんだ。

建物などの金額も、過去の支出のうち
将来の収益に対応する分を意味するのだったね。

それと同じことで、将来にわたって効果のある支出を
資産として計上することができるんだ。

ただし、実際には
その支出によって将来どれだけ収益を得られるかは不確実だから
繰延資産の科目はあまり使われなくなってきているんだ。

ここでは、社債発行費について説明しよう。

> 社債は、会社が投資家からお金を借りる場合に
> 発行するものだよね。
>
> 社債発行費って、どういう意味なの？

会社が社債を発行するときに発生する
金融機関に支払う手数料など様々なコストのことだよ。

会社は、この社債発行費を払ったから
社債を発行することができたんだよね。

そうだね。
社債発行費を払わないと
社債を発行できないんだものね。

ということは、社債を借りている期間中は
このコストを払ったことによる恩恵を受けていることになるね。

だから
社債を発行した年に一度に費用にするのではなくて
社債を借りている期間に分けて少しずつ費用にしていくんだ。

例えば仮に社債発行のために５の費用がかかったとして
社債を借りる期間が５年だったとすると
毎年１ずつを費用として配分していくんだよ。

社債を発行するときは以下の処理になるんだ

| （借方） 現金預金　　95 | （貸方） 社債　100 |
| 社債発行費　　　5 | |

社債として発行した金額が100で、費用が５発生したから
会社が受け取るお金は95になって
５が社債発行費になって繰延資産として計上されるんだ。

そして、社債を借りている期間にわたって
費用計上していくんだ。

（借方）社債発行費償却　1　　（貸方）社債発行費　1

建物なんかを減価償却で配分するのと
同じなんだね。

負債と純資産

じゃあ次に
右側の貸方科目を見ていこう。

貸方科目には負債と純資産があるね。
これらは、**会社がどこからお金を集めたか**
を表しているんだったよね。

← p.201参照

また、負債と純資産は
どこからお金を集めたかを示すと同時に
会社のお金がだれに帰属するかも表しているんだったね。

負債が債権者の持ち分で
純資産が株主の持ち分を示すんだよね。
会社は、まず債権者にお金を返して
残った部分が株主の持ち分になるんだね。

← p.81参照

> **ここが カギ**　貸借対照表の貸方は、お金の調達元を示すと同時に
> 会社のお金がだれに帰属するかも示す。

負債の部

負債の部は
流動負債（りゅうどうふさい）と
固定負債（こていふさい）に分かれているんだ。

その5 貸借対照表

流動負債には、支払手形や買掛金、1年以内に返済する借入金や社債などがあるね。

固定負債は、それ以外の長期の負債
つまり1年より先に返済する借入金や社債などがあるんだ。

> 負債が流動と固定で分かれているのも
> 資産と同じ理由なの？

そうだね。
資産は、お金になるまでの期間で流動と固定を分けていたね。

負債の流動と固定もそれと同じで
流動負債は、会社の通常の営業で発生する負債か
あるいは1年以内に返済する負債のことで
そうでない長期の負債が、固定負債になるね。

流動比率

流動資産と流動負債を比較することで
会社の安全性を見ることができるんだ。

> 安全性って何？

安全性は、**会社が倒産せずに借金を返せるかどうか**
ってことなんだ。

安全性には
短期の安全性と、**長期の安全性**があるのだけど
このうち短期の安全性が
流動資産や流動負債を比較することで分析できるんだ。

> どうして流動資産と流動負債を比べると
> 会社が借金を返せるかどうかがわかるの？

流動負債はすぐに返済期限が来るものだから
会社は、それを支払えるだけのお金を持っている必要が
あるよね。

ということは、**会社は、流動負債よりも多くの流動資産を持っている必要がある**よね。

> あ、そうか。
> 流動負債はすぐにお金を支払わないといけないから
> すぐにお金になる流動資産を、流動負債よりもたくさん
> 持っている必要があるんだね。

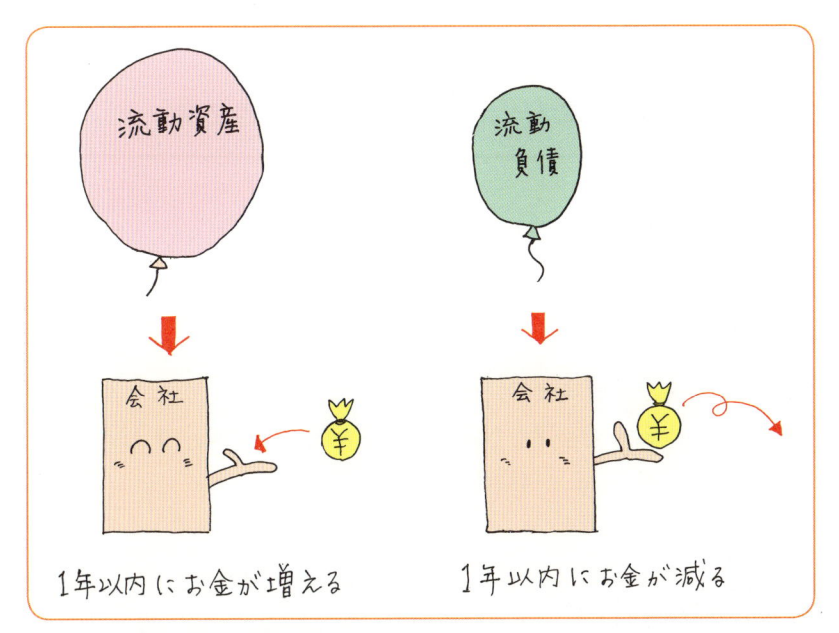

流動資産 → 会社　1年以内にお金が増える

流動負債 → 会社　1年以内にお金が減る

この、**流動資産が流動負債をどれくらい上回っているか**が
会社の安全性の指標になるんだ。

これを**流動比率**（りゅうどうひりつ）といって

> 流動比率　＝　流動資産　÷　流動負債

で求められるんだ。
流動比率は、大体200%以上が望ましいといわれるね。

> でも、流動資産にも
> すぐにお金にならないものが含まれているんじゃない？

そうだね。
だから、安全性の分析をもっと厳密にしたいときは
流動資産から棚卸資産を除いた<u>当座資産と流動負債を比べる</u>方法
もあるんだ。

これを**当座比率**（とうざひりつ）といって

> 当座比率　＝　当座資産　÷　流動負債

で求められるんだ。
当座比率は、100%以上が望ましいね。

これはおぼえよう

> 流動資産が流動負債の何倍あるかを示す比率
> を流動比率、当座資産が流動負債の何倍あるかを示す比率
> を当座比率といい、会社の安全性の指標となる。

ただし、流動資産が200%以上、当座比率が100%以上なら
必ず安全というわけではないんだ。

流動資産といっても、例えば数日以内にお金になるものと
11カ月後にお金になるものがあるよね。

同じように、流動負債の中にも、数日で返さないといけない借金
と11カ月後に返せばいい借金があるね。

もし、流動資産の多くが、なかなかお金にならないもので
流動負債の多くが、すぐに支払わなければならないものだった
場合、たとえ流動資産がたくさんあっても
お金を支払うことはできないね。

このように、流動比率や当座比率は
<u>絶対の安全性を保証するものではない</u>んだ。

これらの比率が悪化したときに、何か問題があるんじゃないか
というシグナルとして、使うべきものなんだよ。

純資産

最後に、**純資産の部**（じゅんしさんのぶ）
を見てみよう。

純資産の部は
株主資本、評価・換算差額等、新株予約権
少数株主持分の4つの区分に分かれているんだ。

株主資本（かぶぬししほん）が、資本の勘定科目のことで
評価・換算差額等、新株予約権、少数株主持分は
資産、負債、資本、収益、費用のどれにもあてはまらない
勘定科目のことだね。

このうち株主資本は、さらに
資本金、資本剰余金、利益剰余金、自己株式に分かれるんだ。

> 難しそうな言葉ばかりだね。
> どうしてそんなふうに分かれているの？

純資産には、株主が払い込んだ部分と
会社が今までに利益を稼いで貯めてきた部分の
２種類があったね。　　　　　　　　　　　　　　　← p.82参照

このうち**資本金**（しほんきん）と**資本剰余金**（しほんじょうよきん）が
株主が払い込んだ部分で
利益剰余金（りえきじょうよきん）が、会社が今まで貯めてきた部分
を示しているんだ。

また、株主資本以外の科目は
負債でも資本でもないから、それぞれの科目の性質を示すために
いくつかの区分に分かれているんだよ。

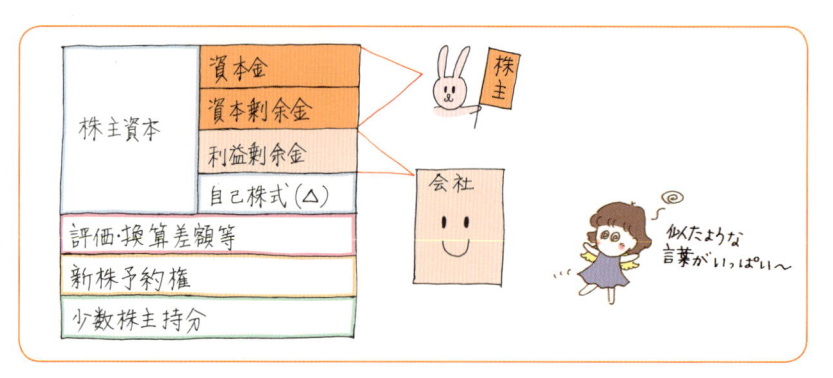

株主資本	資本金	→ 株主
	資本剰余金	
	利益剰余金	→ 会社
	自己株式(△)	
評価・換算差額等		
新株予約権		
少数株主持分		

> 似たような
> 言葉がいっぱい〜

会社は、株式を発行することによって
株主からお金を集めるのだったね。

資本金は、**会社が株式を発行したときに
株主が会社に払い込んだお金のうち、資本金として決めた部分**
のことなんだ。

例えば、会社が株式を1株100円で10株発行した場合
株主は1,000円を会社に払い込んで株式を取得するね。
この1,000円のうち、500円を資本金にしようと決めた場合
500円が資本金になるんだ。

資本金の金額は会社が決めていいの？

会社が株式を発行する場合に応じてルールが決まっているけど
今の例のように新しく株式を発行する場合は
発行額の少なくとも半分は資本金にすることになっているんだ。

残りの500円はどうなるの？

それが資本剰余金になるんだ。

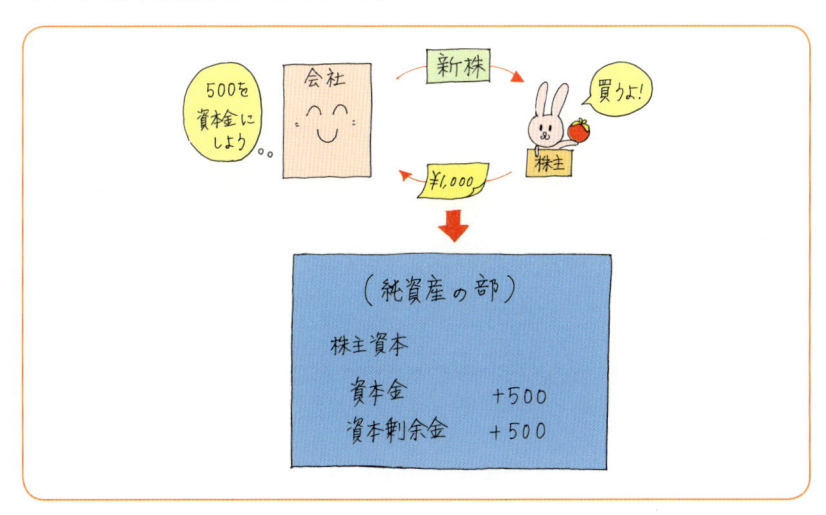

次の利益剰余金は
　　　　　会社が今まで稼いで貯めてきた部分だったよね。

そうだね。
会社は、利益をすべて配当してしまったら
せっかく増やしたお金を将来の事業に使えないよね。

そこで、普通は稼いだ利益の一部を配当して
残りは利益剰余金とするんだ。

利益剰余金も資本科目だから、その分の金額が
実際に会社にあるわけではないんだ。

あくまで
「今まで稼いで株主に配当しなかった利益がいくらか」
を示している点に注意してね。

これはおぼえよう

　純資産の部における株主資本は、資本金、資本剰余金、
　利益剰余金、自己株式からなる。
　資本金と資本剰余金は、株主が会社に払い込んだ金額を示し、
　利益剰余金は、会社が今まで稼いだ利益のうち配当せずに
　確保した金額を示す。

純資産の部には、株主が払い込んだお金と
会社が今まで稼いで、配当しなかった金額が載るってことだね。

　　　　　ということは、今までたくさん稼いできた会社ほど
　　　　　純資産の金額が多いってことだよね。

　　　　　だったら、純資産の金額は多いほどいいの？

純資産も、資産と同じく多ければいいってわけではないんだ。
それに見合うだけ、お金を増やせるかどうかが問題なんだよ。

特に、純資産の額が多いということは
利益が出たのに株主に配当しなかったということだから
会社は貯めたお金を資本コスト以上に増やす責任があるよね。

> どうして？

株主にお金が返されれば、株主はそのお金を
他の目的に使うことができたはずで
それによって株主は何らかのメリットを得られたはずだよね。

> そうか。
> その、得られたはずのメリットが
> 資本コストなんだったね。

← p.31参照

会社が株主に配当しなかったのだから
そのお金は、会社が責任を持って資本コスト以上に
増やさなければならないんだ。

**それができないのなら、株主に配当したり
お金を返したりするほうが望ましい**ね。

逆に、そうしたことをしないと、お金を無駄遣いしていることに
なって株価が下がってしまうんだ。

> 株主にお金を返すには
> どうすればいいの？

会社が、株主から
自分の株式を買い取るんだ。

仕訳で示すと以下のようになるね。

> （借方）自己株式　　　（貸方）現金預金

この**自己株式**(じこかぶしき)が、株主資本の科目のひとつだね。

自己株式は、資本金と逆に
株主にお金を返して生じるものだから
純資産の部にマイナスで計上されるんだ。

マイナスで計上された自己株式の分だけ
純資産の金額は小さくなるんだよ。

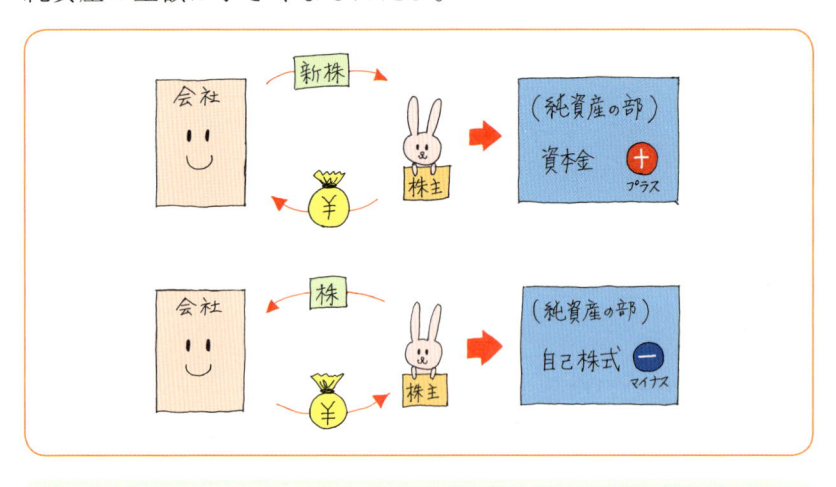

（図：会社が新株を発行し株主からお金を受け取る→純資産の部 資本金 ＋プラス／会社が株主から株を買い取りお金を渡す→純資産の部 自己株式 －マイナス）

ここがカギ　会社は、資本コスト以上にお金を増やせない場合
配当または自己株式の買入れによって
株主にお金を返すべきである。

純資産の部には、他に
評価・換算差額等、新株予約権、少数株主持分があるけど

評価・換算差額等は『理解編』の"時価会計"のところで
少数株主持分は『理解編』の"連結財務諸表"のところで
説明するね。　　　　　　　　　　← 『理解編』p.181・107参照

新株予約権（しんかぶよやくけん）は、あらかじめ決めておいた条件で
会社の株を買うことができる権利のことなんだ。

会社は、役員や従業員などに、一定の価格で会社の株式を
買うことができる新株予約権を与えることがあるんだ。
役員や従業員ががんばって株価が上がれば
新株予約権を行使して安い価格で株を買って
高い値段で売ることで、利益を得ることができるからね。

これを**ストックオプション**というんだ。

> ストックオプションって言葉は
> 聞いたことがある気がする。

会社が新株予約権を発行した場合
会社にとっては新株を発行する義務を負うことになるね。

新株予約権の金額は、権利が行使された時点で
資本金に振り替わるから、資本金と同じく純資産の部に
計上されるんだ。

固定比率

固定資産と固定負債、それに株主資本の数値を用いて
固定資産が固定的なお金で賄われているかが判断できるんだ。

> ？
> 固定的なお金で賄うって
> どういうこと？

返済までの期間が長い手段で
お金が調達されているってことだよ。

固定資産は、回収までに長い時間のかかる資産だよね。
工場や建物に投資されたお金は、何十年もかけて
その工場や建物から生み出される収益で、元を取るのだったね。

そのような資産を買うために
会社はお金を集める必要があるけど、そのお金を1年以内の
短期の借入金で賄ったとしたらどうなると思う？

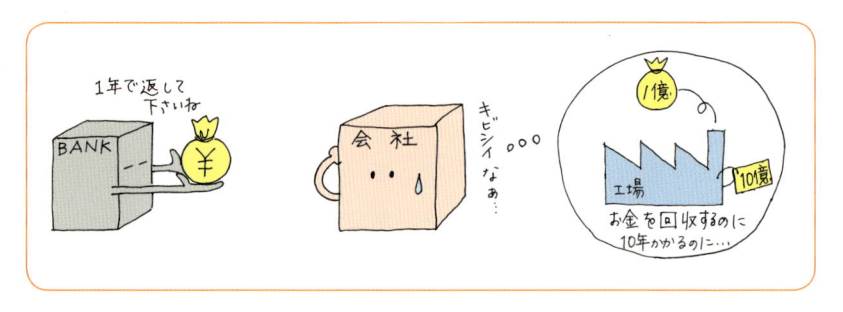

　　工場や建物からお金を回収するのは何十年もかかるのに
　　お金は1年以内に返さなければいけないってこと？

　　それじゃあ、会社はお金を返せないんじゃないの？

そんな状態では、会社は借金を返すために
新たに借金を繰り返すことになってしまうね。

そのようなお金の集め方には無理があるし
会社がお金を調達できなくなって倒産してしまう危険もあるね。
だから、**工場や建物の取得のためのお金は
返済までの期間が長い手段で、調達されているべき**なんだ。

具体的には、株主資本や固定負債のことだね。

返済までの期間の猶予が最も長いのは、株主資本だね。
株主資本は、最終的には株主の持ち分だけど
返済期日が決まっているわけではないからね。
そこで、**固定資産の金額と株主資本の金額の比率**で
長期の安全性を判断するんだ。

これを**固定比率**（こていひりつ）といって
「固定比率＝固定資産÷株主資本」で求められるんだ。

固定比率が100％以下であれば
固定資産よりも株主資本が大きい
つまり固定的なお金で賄われているということを示すから
長期の安全性は高いことになるね。

　　　　じゃあ固定比率が100％を
　　　　超えていたら危険ってこと？

現実には、株主資本だけで固定資産を取得するためのお金を
すべて調達するのは大変だから
固定負債も、返済期限に余裕のある調達元に含めることが
あるんだ。

これを**固定長期適合率**（こていちょうきてきごうりつ）といって
「固定長期適合率＝固定資産÷（株主資本＋固定負債）」
で求められるんだ。

この固定長期適合率が100%を超えていると
その会社は少し危険な状態にあるといえるね。

固定化されてしまっているお金が
固定的な資金源から賄いきれていないってことだから
不足分は短期の借金を繰り返して補充しないといけないからね。

自己資本比率

また、長期の安全性を測る指標として
自己資本比率（じこしほんひりつ）があるんだ。

自己資本は、純資産の部にある株主資本と評価・換算差額等の
合計のことだね。

自己資本比率は
総資産に対する自己資本の割合を示すものなんだ。

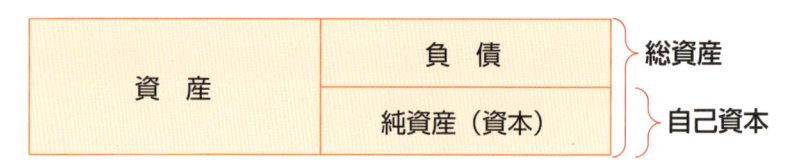

| 資　産 | 負　債 | ）総資産 |
| | 純資産（資本） | ）自己資本 |

負債は、返済期日にお金を返す義務があるけど
資本は、会社の所有者である株主のものだから
返済期日はないよね。

ということは、**総資産のうち、自己資本の割合が大きいほど
安全性は高いといえる**ね。

　　　　負債があまり多いと
　　　　返すのが大変だものね。

ただし、あとで説明するように負債を増やすことで
財務レバレッジという効果もあるから　　　　← p.282参照
必ずしも負債が少なければいいというわけではないんだ。

でも、自己資本比率があまり低いのは
安全性の観点から問題があるといえるね。

安全性と格付け

安全性に関連して
会社の**格付け（かくづけ）**についても説明しよう。

格付けは、会社の安全性
つまり**会社が倒産せずに、借金を返済できるかを示すもの**なんだ。

格付けについて、注意してほしいのは
安全性が高い会社が、必ずしも将来成長する会社とは限らない
ってことなんだ。

えっ、そうなの？
格付けって、高いほど良い会社なのかと
思ってたよ。

もちろん、安全性の高い会社は
倒産する可能性が低いという意味では良い会社だとはいえるけど
安全性と、会社が今後成長してお金をたくさん増やせるかどうか
とは必ずしも関係がないんだ。

例えば、電力会社のように、社会に不可欠な会社は
倒産する危険性は低いよね。
だから格付けは当然高くなるけど
電力会社が将来ものすごく成長する可能性は低いよね。

成長のためには
ある程度リスクを負って思い切った投資をする必要があるから
そうした会社は格付けが低くなってしまうこともあるんだ。

　　　　それなら格付けは何のためにあるの？

格付けが高いほど、借金がきちんと返済される可能性が高いから
債権者がお金を貸す際の基準になるね。

それに、会社が社債を発行する際には
その会社の格付けが高いほど社債のリスクも小さいから
社債の利息は低くなるんだ。

　　　　なるほどね。
　　　　格付けは会社がお金を借りるときに使われるもので
　　　　会社の将来性とは関係がないんだね。

格付けが低い会社はお金を集めることができないし
集められたとしても、高い利息を払わなければいけないから
危険な会社であることは確かだね。

でも、「格付けの高い会社＝将来成長する会社」というのは
正しい見方ではないんだ。

また最近では、格付けの信頼性についても
疑問視されているから
格付けの高い会社＝安全性が高い会社というのも
100％正しいとはいい切れないね。

　　　　それじゃあ、どうしたらいいの？

格付けを無条件に信じるのではなく
あくまでも自分で財務諸表を見たり
会社の実態を調べたりして自分の責任で判断することが大切だね。

バランスシート不況

貸借対照表の話をしてきたところで
バランスシート不況（ふきょう） という言葉について説明しよう。

最近ではあまりバランスシート不況という言葉は
聞かれなくなったけど、貸借対照表と損益計算書の関係を
理解するのにちょうどいいから、ここで説明しておくね。

> バランスシートって貸借対照表のことだよね。
> どういう意味なの？

バランスシート不況という言葉には、厳密な定義はないけど
日本全体、または日本のすべての会社の財務諸表を合算した
イメージ上の貸借対照表のことをいっているんじゃないかな。

**一般に、会社の業績が悪くなってくると
まず損益計算書（P/L）に兆候が出てきて
問題が長期化すると、貸借対照表（B/S）に変化が出てくる**んだ。

> えっ
> 問題の兆候が出るのに、順番があるの？

商品が売れなかった場合
まず損益計算書の利益が減少したり、損失が出たりするね。

そのときの貸借対照表を見ても
在庫が少し増えたりするだけで、それほど変化はないんだ。

でも、商品が売れない状態が、長期間続いたとするね。

損益計算書は、相変わらず赤字のままだけど
別に赤字の金額自体が増えていくわけではないよね。
損益計算書は、期間の業績を示すだけだからね。

一方、貸借対照表を見ると、在庫がどんどん増えていって
回収できない売掛金も増えていって
赤字が累積して純資産の金額が小さくなっていくんだ。

こうなってしまうと、回復するのは大変だね。

損益計算書の数字は、ちょっとした勢いで商品が売れたりすれば
好転させることは可能だよね。
でも、貸借対照表が一度傷んでしまうと
ちょっと商品が売れたくらいでは、なかなか回復できないんだ。

どうしてそんな違いがあるの？

損益計算書は、ある一期間の損益の増減を示したものだよね。
だから、あくまで**その一期間の情報しか載らない**んだ。

でも、貸借対照表は、ある時点に、資産・負債・純資産が
いくら残っているかを示すものだから
**一期間だけでなく、会社ができてから今までのすべての期間に
溜まってきた金額が載る**んだ。

損益計算書には、**その期の損失**しか載らないけど
貸借対照表には、**会社ができてから今までの損失すべて**が
計上されるからこのような違いが生じるんだよ。

**日本の会社には、不景気が長く続いていたために
不良債権や過剰な設備などがたくさん溜まってしまっていたんだ。
それを処理しない限り、景気の回復が見込めない**状態にあったん
だよ。

そういう状態を指して
バランスシート不況と呼んでいたんだろうね。

〔参考資料〕
貸借対照表の雛型

（資産の部）	（負債の部）
流動資産	流動負債
現金預金	支払手形
受取手形	買掛金
売掛金	短期借入金
有価証券	引当金
棚卸資産	固定負債
固定資産	長期借入金
有形固定資産	社債
備　品	
建　物	（純資産の部）
土　地	株主資本
無形固定資産	資本金
のれん	資本剰余金
投資その他の資産	利益剰余金
投資有価証券	自己株式（△）
繰延資産	評価・換算差額等
社債発行費	新株予約権
	少数株主持分

※実際には、各項目の右側に数字が入ります

IFRSのココを押さえよう ❹

貸借対照表はどう変わるか

IFRSと日本の会計制度は、仕組みは大きく変わらないけど
思想に違いがあって、その違いが財務諸表の形式に
違いをもたらしているんだ。

思想に違いがあるって
どういうこと？

日本の会計基準は、主に利益を重視しているのに対して
IFRSでは、資産と負債が1年間でどう変化したかを
重視しているという違いだね。

日本の考え方は「収益費用アプローチ」といって
利益情報に着目して会社の価値を評価するんだ。

これに対して、IFRSの考え方は「資産負債アプローチ」と
いって、資産・負債の当期と前期の差額のうち
新株発行や自己株式取得などを除いた部分から
会社の価値を評価するんだ。

収益費用アプローチとか、資産負債アプローチとか
なんだか難しいね。

その5 貸借対照表

第2章（その2）で説明したように
貸借対照表と損益計算書はつながっているから
利益から考えても、資産と負債の変化から考えても
結論は同じなんだ。

ただ、IFRSでは資産と負債を重視するから
資産と負債を公正価値で評価して
貸借対照表で会社の実態をきちんと表示することに
重きを置いているんだよ。

　　　なんとなくわかった気もするけど
　　　それは具体的にどんな違いになるの？

基本的には、IFRSでも
金融資産を公正価値（時価）で評価して
事業用資産は取得原価で評価するから
大きく変わるわけではないんだ。

貸借対照表の形式については、IFRSでは
固定資産を先に、流動資産をあとに書く形式が原則だけど
日本の基準のように流動資産を先に書いてもかまわないから
その点でも大きく変わるわけではないね。

ちなみに名称は、貸借対照表ではなくて
財政状態計算書という名前になる可能性が高いんだ。

　　　大きく変わるわけじゃないなら
　　　あまり気にしなくていいんだね。

次章で説明する損益計算書は、大きく変わる部分もあるから
それは次章のコラムで説明するね。　　　← p.291参照

でもそれはあくまで形式であって、基本的な考え方は
変わらないから、心配しなくていいよ。

〔参考資料〕
IFRSによる財政状態計算書の雛型（案）

資産	資本及び負債
非流動資産	資本
有形固定資産	資本金
無形資産	資本剰余金
投資不動産	自己株式
流動資産	その他の資本の構成要素
棚卸資産	利益剰余金
売掛金及びその他の債権	非支配持分
現金及び現金同等物	
	負債
	非流動負債
	社債及び借入金
	その他の金融負債
	引当金
	流動負債
	社債及び借入金
	その他の金融負債
	買掛金及びその他の債務
	引当金

※実際には、各項目の右側に数字が入ります

ここでちょっと ひと休み！ ④

「不良債権を処理する」とは

これも最近ではあまり聞かれなくなったけど
銀行などが「**不良債権**（ふりょうさいけん）**を処理する**」という
言葉の意味について説明しておこう。

不良債権は、**売掛金などの債権の中で**
返済される可能性がほとんどないもののことだね。

特に銀行などの金融機関は
バブルの時代に貸出先をきちんと審査しないで
相手が必要とする以上にお金を貸してしまったために
返してもらえない債権をたくさん持っていたんだ。

注意してほしいのは、**不良債権を処理するといっても**
お金を返してもらえた、というわけではないんだ。

> えっ、そうなの？
> 不良債権を処理するって、相手からお金を返してもらえたってことだと思ってたよ。

相手から債権の一部を返してもらうこともあるけど
そのための法律的な手続きに、長い時間がかかってしまうから
相手からの返済を待っていたら、いつまでたっても
不良債権の処理（ふりょうさいけんのしょり）**はできない**んだ。

それじゃあ、どうすればいいの？

不良債権の処理というのは
返済される見込みのない分を、返済されないと認めることなんだ。

会計的にいえば、**将来損失になってしまう分を
貸倒引当金として計上すること**なんだ。　　　　　← p.153参照

どうして貸倒引当金を計上することが
不良債権を処理したことになるの？

引当金を計上しておけば
将来相手先が倒産して実際に返済されなかったときに
銀行は費用を計上しないですむからなんだ。

また、その返済されない見込み額が
財務諸表に引当金として明示されるから
銀行の株主や投資家も、状況を把握することができるね。

かつて銀行は返済される見込みがない債権も
将来返済されるものとして扱ってきたんだ。

えっ
そんなことをしてもいいの？

いいはずがないよね。

これは問題の先送りにすぎないし
会計上も、返済される見込みのない金額は
その期の費用として計上するべきだよね。

新聞などで、銀行が不良債権を追加処理という記事が
何度も出ていたのは、銀行の見積もりが甘くて
事実上倒産している相手先を優良貸出先として扱って
十分な引当金を計上してこなかったためなんだ。

何度も不良債権を追加処理したような銀行は
貸倒引当金繰入を費用として計上する余裕がなかったってこと
だから、財務基盤が弱くて問題を先送りしていたといえるね。

そこで、貸倒引当金を計上するだけではなくて
不良債権の最終処理も進んだんだ。

最終処理ってどういうこと？

不良債権を安い値段で売却したり、担保などを売ったりして
お金にすることだよ。

かつてバブル崩壊で生まれた多額の不良債権は
だいぶ処理されたけど
最近の景気悪化でまた不良債権が生まれてきているから
その動向も見ていく必要があるね。

その6 損益計算書

損益計算書の目的

次に、**損益計算書**（そんえきけいさんしょ）（P/L、Profit and Loss Statements または I/S、Income Statements）について説明しよう。

損益計算書は
収益と費用の差額から損益を計算する財務諸表なんだ。

収益と費用は、期間の増減を表す勘定科目だから
損益計算書は、**ある期間の損益の増減を示す財務諸表**だね。

わかりやすい名前だね。

これを見れば、会社がどれだけ儲かったかがわかるんだね。

それは、「**儲け**」をどうとらえるかによるね。

儲けといった場合
実際にどれだけお金が増えたかを示すように思えるけど
実は、**損益計算書で計算される利益は、実際に稼いだお金とは違う**んだ。

損益計算書上で利益が出ているのに会社にお金がなくなって借金が返せなくて倒産してしまうこともあるんだよ。

> えっ
> 利益があるのに倒産するの？

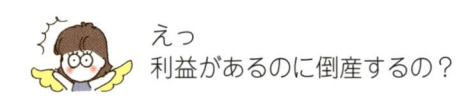

支払手形を期日までに支払えないことを
不渡（ふわたり）といって、不渡を２回出してしまうと
事実上の倒産になってしまうんだ。

このように、利益は出ているのに倒産してしまうことを
黒字倒産（くろじとうさん）というんだ。

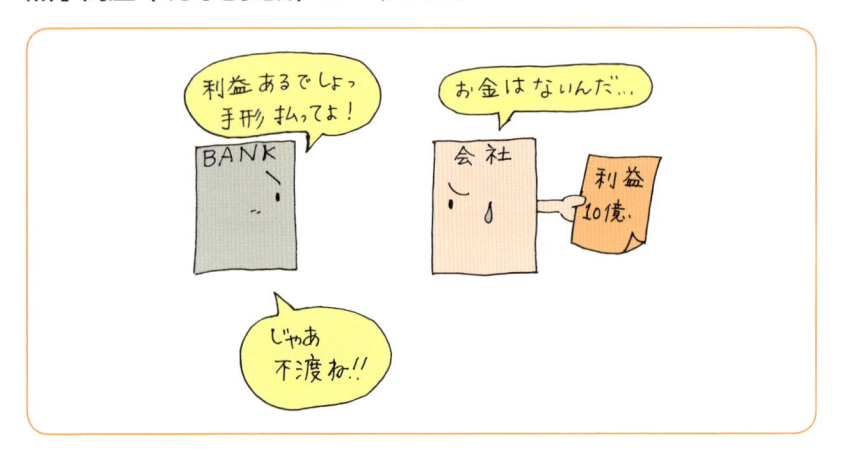

> 利益あるでしょっ
> 手形払ってよ！
>
> BANK
>
> お金はないんだ…
>
> 会社
>
> 利益
> 10億
>
> じゃあ
> 不渡ね!!

> ？
> どうして利益があるのに
> 手形を支払えないなんてことが起こるの？

**収益は実現主義、費用は発生主義によって計上されていて
これは実際のお金の動きとは一致していなかった**よね。← p.139参照

例えば、売上を掛で計上した場合
収益は計上されるのに、お金の受取りは将来のことだから
利益が増えてもお金は増えないね。

損益は、収益と費用によって計算されるから
実際に稼いだお金とは一致しないんだ。

> **ここがカギ** 損益は、実際に稼いだお金とは一致しない。

経営成績の指標

　　それじゃあ、一体
　　損益計算書は何のためにあるの？

第一に、**会社の経営成績を示すため**だね。

　　経営成績って何？

経営成績（けいえいせいせき）は
会社の経営者がどれだけ会社をうまく経営したかってことだよ。
業績ともいうね。

　　どうして損益計算書が、経営成績を示すの？

損益計算書では
収益から費用を引いて、損益が計算されるね。

会社が当期にお金を増やそうと思って支出したのが「費用」で
その費用に対する成果が「収益」だよね。

損益を見れば
会社が**費用に対する成果としてどれだけ収益を稼いだか**
がわかるから
会社の経営がうまく行われていたかが評価できるんだ。

損益計算書は損益を示すから、株主や債権者は
**損益計算書の数値をもとに、会社の経営者がどれだけうまく
会社を経営したかを評価する**んだよ。

> A社社長です
> B社社長です！
> A社の社長は経営がうまいな！
> B社社長は良くないな…

でも、会社の目的はお金を増やすことだよね。

だったら
増やしたお金の量で
会社の成績を測ればいいんじゃないの？

もちろん
会社がどれだけお金を増やしたかという情報も大事なのだけど
**お金の動きだけに着目していると
経営者の判断に悪影響を及ぼしたり
評価が不公平になったりしてしまうことがある**んだ。

どうしてそんなことになるの？

例えば、会社が10年使うことを見込んで工場を建てたとするね。

お金の動きに着目すると
工場を建てた年に、たくさんのお金の流出が計上されて
そのあとの年には、お金の流出が計上されないよね。

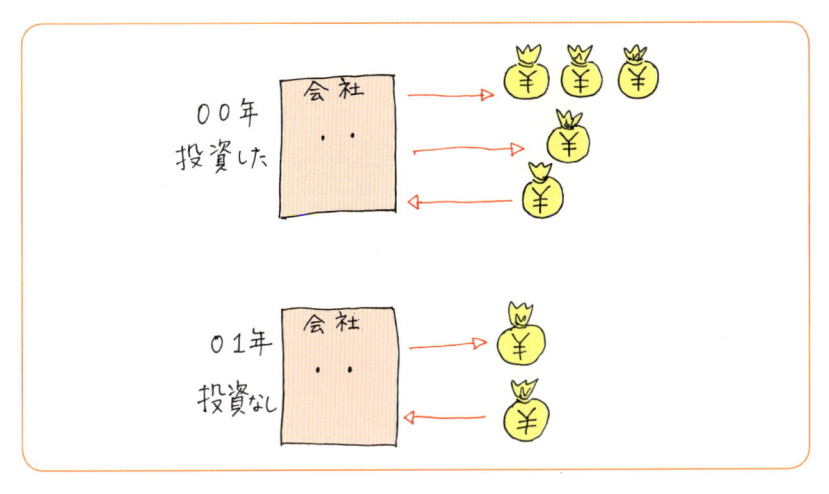

もし、増やしたお金の量で会社の成績を判断してしまうと**お金がたくさん流出してしまう大規模な投資をした年度は経営成績が悪くなってしまう**ね。

会社が成長するためには、大規模な投資も必要なのにこれでは、**経営成績が悪くなるような大規模な投資は経営者は行わなくなってしまう**よね。

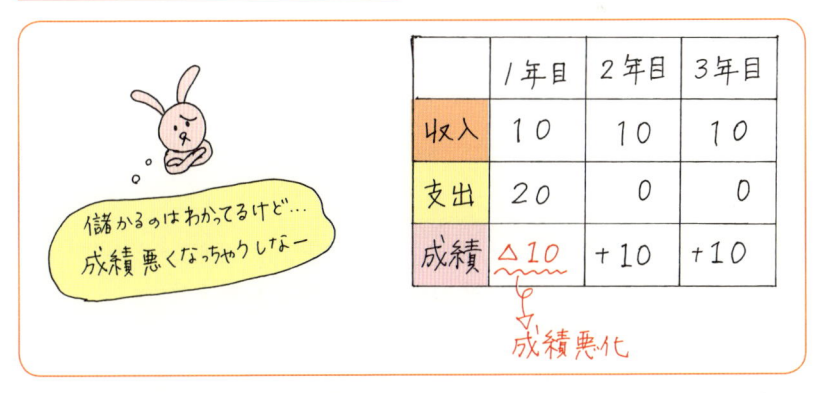

それだけでなく、その工場がまだ使われている途中に経営者が交代した場合を考えてみよう。

次の経営者をお金の動きで評価すると、工場に関するお金の
支払いは前の経営者のときにすんでいるからお金は減らないよね。
それなのに、その工場を使うことでお金は増加するから
お金をたくさん稼いでいるように見えるね。

そうすると、**思い切った投資をした経営者の成績が悪くなって
あまり投資をせずに、過去の投資の成果に頼る経営者の成績が
良くなってしまう**ね。

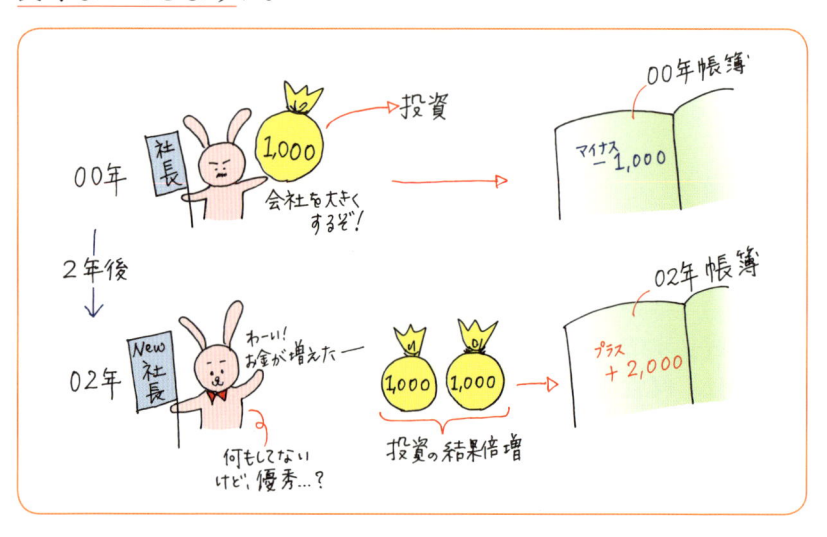

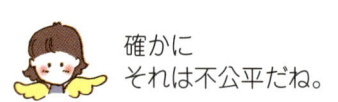

確かに
それは不公平だね。

だから、会社の経営成績はお金を実際にどれだけ稼いだか
という基準だけでなく、**会社の活動の実態を反映した
損益計算書によって判断されるべき**なんだよ。

> **ここがカギ** 損益計算書は、その年度の会社の経営成績を示す。

会社の活動の実態

他にも、重要な役割として
会社の活動の実態を示す、という点があるね。

> 会社の活動の実態って
> どういう意味？

費用は発生主義で、収益は実現主義で計上されるから
損益は、会社の活動の実態を正確に反映することになる
のだったね。

> そういえば、費用や収益は、お金の動きではなくて
> 会社の活動を表すように
> 繰り延べたり繰り上げたりしたんだったね。 ← p.137参照

だから、損益計算書は
会社の現在の活動の実態を把握するのに役立つし
それだけでなく、将来の会社の収益性を予測するのにも
役立つんだ。

> 現在のことだけじゃなくて
> 将来のこともわかるの？

例えば
10年の効果が見込める大規模な投資は
10年間に費用が配分されたよね。

損益は、お金の動きを
会社の実態に合わせて平準化したものだから
将来にわたっても同じような収益・費用の構造になるだろう
ということが予測できるんだ。

会社の活動の実態を把握して
どこに問題があるか、何が改善されたのか、将来どうなるのかを
判断するためには、収益と費用に関する情報は不可欠なんだよ。

> **ここが カギ** 損益は、会社の活動の実態を示すため、
> 現在の状況の判断、将来の予測に役立つ。

配当可能利益の計算

損益計算書の大事な役割として
会社が配当できるお金、つまり、配当可能利益（はいとうかのうりえき）**が
どれだけあるかを計算する**という目的もあるね。

会社は利益の一部を、株主に配当するよね。
株主は、当然配当をたくさんほしいから
会社がどれだけ配当できるのか知りたいよね。

そこで、会社は**株主にどれだけ配当できるかを
当期の利益を示すことで説明する必要がある**んだ。

損益計算書の利益は、その配当計算の基準としても用いられるんだ。

> **ここがカギ** 損益は、配当できる金額の計算にも用いられる。

損益計算書の仕組み

これが損益計算書の雛型だよ。

売上高	2,000
売上原価	△1,200
売上総利益	800
販売費及び一般管理費	△500
営業利益	300
営業外収益	+150
営業外費用	△200
経常利益	250
特別利益	+100
特別損失	△200
税金等調整前当期純利益	150
法人税、住民税及び事業税	△90
法人税等調整額	+30
少数株主利益	△20
当期純利益	70

なんだかいろんな利益があるね。
「売上総利益」に「営業利益」、「経常利益」、それに
「税金等調整前当期純利益」と「当期純利益」

どうしてこんなにたくさんあるの？

これは、会社の活動のどの部分で利益を得ているかを
示すためなんだ。

それぞれの利益について、細かく見ていこう。

売上総利益

上から順番に説明していくね。

まず、売上高から**売上原価**（うりあげげんか）が差し引かれて
売上総利益（うりあげそうりえき）が計算されているね。

売上高	2,000
売上原価	△1,200
売上総利益	800

売上原価ってどういうこと？

売上原価は、**販売した製品や商品について
その製品や商品を仕入れたときに支払ったお金の額**のことだね。
製品を自社で作っているときには
売れた製品の製造にかかったお金が、売上原価に相当するね。

また、**売上高から売上原価を引いたもの**を
売上総利益というんだ。

じゃあ、売上総利益は
売上によって得られた利益のことだね。

そうだね。
これを一般に、**粗利益**（あらりえき）と呼ぶね。

> **これはおぼえよう**
>
> 売上総利益は、売上と、
> 販売した商品や製品の仕入または製造にかかった費用
> との差額であり粗利益を示す。

また、売上総利益を売上高で割ったものを
売上総利益率（うりあげそうりえきりつ）というんだ。

$$売上総利益率 = 売上総利益 \div 売上高$$

売上総利益率は、会社の商品・製品の利幅を表すから
高いほど望ましいんだ。

それに、売上総利益率が高いということは
仕入や製造にかかった費用と比べて
販売価格が大きいということだから
それだけ会社の商品に魅力があって
お客さまが高い価値を認めていることになるね。

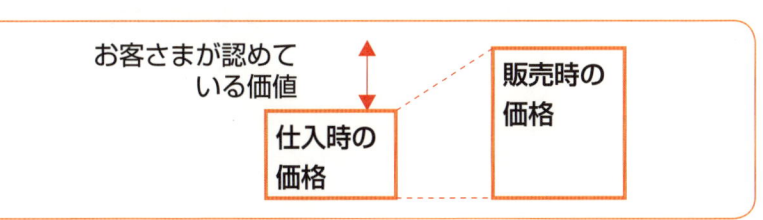

```
    お客さまが認めて
      いる価値           販売時の
           ↕             価格
         仕入時の
         価格
```

その6 損益計算書

ただ、注意してほしいのは
売上原価は、あくまで「販売された商品やサービス」の原価を示すにすぎないってことなんだ。

どういうこと?

例えば
会社が1個50円の商品を100個仕入れたとするね。
会社は、たくさん売れると思って100個仕入れたのだけど
実際には予想が外れて、5個しか売れなかったとしよう。

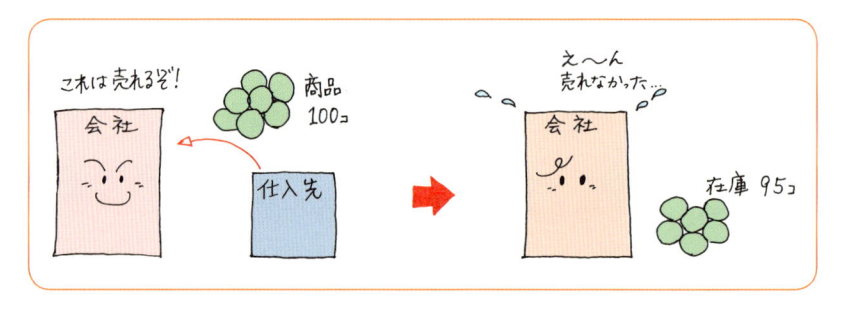

売上原価は、あくまで、売れた商品の原価のことだから
売れた5個の原価が、計上されるんだ。

100個仕入れたのに
売上原価になるのは、5個分だけなんだね。

そうだね。
つまり、**仕入れた分がすべて売上原価になるのではない**
ってことだね。

売れ残った分はどうなるの?

棚卸資産として、貸借対照表に計上されるんだ。
そして、次期以降に実際に売れたときに
売上原価として、計上されるんだよ。

当期に仕入れた分と、売上原価の関係は、次のようになるね。

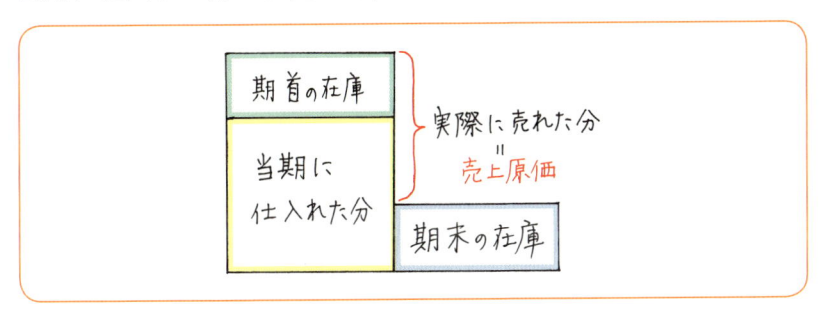

```
┌─────────────┐
│  期首の在庫  │ ┐
├─────────────┤ │ 実際に売れた分
│             │ │      ‖
│   当期に    │ ┘  売上原価
│  仕入れた分  │
│         ┌───┤
│         │期末の在庫│
└─────────┴───┘
```

この商品を1個100円で売っていたとすると
売上高は、100円×5個＝500円だよね。

売上原価は、その売れた5個分の原価だから
50円×5個＝250円になるね。

売上総利益は、売上高から売上原価を引いたものだから
500－250＝250円になるね。

売上高	500
売上原価	△250
売上総利益	250

あれ、会社の予想が外れて
たくさん売れ残ってるはずなのに
売上総利益を見ると
会社はちゃんと儲かってるように見えるよ。

そうなんだ。

実際には、見込みが外れて在庫も増えているのに
その状況が、損益計算書からだけでは
正しく読み取ることができないんだ。

　じゃあどうすればいいの？

貸借対照表の棚卸資産を見る必要があるね。

今の場合だと、在庫が95個も残っているから
貸借対照表の棚卸資産の数値が大きくなってしまうんだ。

また、『理解編』で説明する"キャッシュフロー計算書"からも
そうした状況を読み取ることができるんだ。

　　　　　　　　　　　　　　　← 『理解編』p.11参照

　それじゃあ、損益計算書の情報は
　使えないってこと？

そんなことはないよ。

売上に対する原価の情報を見ることで
その商品やサービスそのものの利益率を見ることができるからね。

今の場合だと、会社が売っている商品は
売値が100円で仕入値が50円だから、利益率は50%だね。
この数値は、損益計算書上の売上高500円と
売上原価250円から求めることができるね。

つまり、損益計算書から求められる売上総利益率は
会社の商品やサービス自体の利益率を示すものなんだ。

> 売上原価は、当期に仕入れた商品の原価ではなく
> 当期に販売された商品の原価を示す。
>
> そのため売上総利益率は、商品やサービス自体の利益率
> を示すが、会社の販売状態を把握するためには
> 貸借対照表もあわせて見る必要がある。

営業利益

次に、売上総利益から販売費及び一般管理費がマイナスされて
営業利益（えいぎょうりえき）が計算されているね。

売上総利益	800
販売費及び一般管理費	△500
営業利益	300

販売費及び一般管理費というのは
製品を作ったり商品を仕入れたりするのに直接かかったお金以外
で<u>普通の営業活動で必要な費用</u>のことなんだ。

給料や、光熱費や、賃借料などが挙げられるね。

営業活動ってどういうこと？
得意先に行って、物を売ったりすること？

営業活動というのは、狭い意味での営業ではなくて
会社の主要な活動のことなんだ。

主要な活動って？

例えば、商品を仕入れて売る会社なら
購買活動や販売活動のことだね。

その購買活動や販売活動を行うには
給料、光熱費、オフィスビルの賃借料や減価償却費などが
発生するね。
これらの、主要な活動に伴って発生する費用が
販売費及び一般管理費なんだ。

売上総利益から、そうした通常の営業活動で必要な費用を
差し引いたものが営業利益だね。

ということは、営業利益は
会社の主要な活動から得られる利益
ってことだね。

> **これはおぼえよう**
>
> 営業利益とは、会社の通常の営業活動から得られる
> 利益のことである。
> プラスの場合を営業利益、マイナスの場合を営業損失という。

経常利益

次は、**経常利益**（けいじょうりえき）だね。

営業利益に、営業外収益を足して、営業外費用を引くことで経常利益が計算されているね。

営業利益	300
営業外収益	＋150
営業外費用	△200
経常利益	250

営業外ってどういうこと？

さっきが主要な活動だったから主要ではない活動ってこと？

その通りなんだ。
具体的には、**財務活動**（ざいむかつどう）のことだね。

財務活動は
会社がお金を調達したり、余ったお金を運用することなんだ。

つまり、営業外収益、営業外費用は
お金を運用したり調達したりすることによって生じる収益、費用
のことだね。

会社がお金を運用するって
有価証券を買ったりすること？

そうだよ。

会社は、突然お金が必要になるときに備えるためや
キャピタルゲインを得るために
有価証券を買ったり、預金したりして
お金を運用することがあるんだ。
そうして得られた受取配当や受取利息などの収益が
営業外収益（えいぎょうがいしゅうえき）になるね。

営業外費用（えいぎょうがいひよう）は？

借りたお金の支払利息などが挙げられるね。
他にも、運用していた有価証券の値下がり損なども含まれるよ。

このような、資金を運用したり利息を支払ったりする活動は
<u>通常の営業活動ではないけど、会社が常に行っている</u>ことだよね。

こうした営業活動以外の活動も
会社が存続していくためには不可欠だし
財務活動によって利益をあげることも会社の能力のひとつだよね。

そこで、<u>**会社が経常的に獲得する利益**</u>という意味で
経常利益が算出されるんだ。

一般に、新聞などで業績のことをいうときには
経常利益を指すことが多いね。

> **これはおぼえよう**
>
> 経常利益とは、営業利益に、営業活動以外で経常的に
> 発生する費用・収益を加減算したものである。
> 会社の業績といった場合、経常利益を指すことが多い。
> プラスの場合を経常利益、マイナスの場合を経常損失という。

ROA

経常利益は、**ROA**（アールオーエー）を求める際に使われるんだ。

ROAってどういう意味？

ROAというのは、Return On Asset（総資産利益率）のことで
<u>どれだけの資産を使ってどれだけの利益を上げているか
を示す指標</u>なんだ。

総資産利益率は、総資産に対する利益の比率で

$$ROA = 利益 \div 総資産$$

で求められるんだ。
この場合の利益は、営業利益や当期純利益を使ってもいいのだけど経常利益を用いる場合が多いね。
ROAは、いくつかの要因に分解することができるんだ。

「利益÷総資産」を
売上高を挟んで2つの分数に分けると
ROAは、「利益÷売上高」と「売上高÷総資産」の
2つの分数の積になるね。

$$ROA = \frac{利益}{総資産} = \frac{利益}{売上高} \times \frac{売上高}{総資産}$$

このうち
「利益÷売上高」を、売上高利益率
「売上高÷総資産」を、総資産回転率というんだ。

つまり、ROAは、売上高利益率と
総資産回転率に分解できるってことだね。

でも、何のために分解するの？

ROAが悪化したり、良くなったりした場合に
その原因がどこにあるのかを判断するためだよ。

例えばROAが悪化した場合
その原因が利益率の低下にあるのか、回転率の低下にあるのか
を分析することができるんだ。

利益率が低下している場合は
商品やサービスの値段が下がっているか
費用が増えてしまっていると考えられるね。
その場合、売上高に対する各費用の割合を計算して
どの商品の値段が下がっているか
どこに無駄な費用が発生しているのか、などを調査するんだ。

また、回転率が低下している場合は
売上に対して資産が多くなっていると考えられるから
売掛金が滞留しているのか、棚卸資産が売れ残っているのか
などを調査するんだ。

| ROAの悪化 | = | 利益率の悪化 | × | 回転率の低下 |
| | = | どの商品の値段が下がっているか
どこに無駄が発生しているか | × | どの資産が滞留しているか |

ROAを求める際には
事業利益（じぎょうりえき＝営業利益＋受取利息配当金）という
特殊な数値を用いるのが、理論的には正しいんだ。

どの利益を用いても間違いではないから
ここではROAの分解の考え方がわかってくれればいいよ。

特別損益

損益計算書は、配当可能利益を計算する役割もあったよね。
実は、**損益計算書の経常利益より下は**
会社の業績ではなく、配当可能利益を計算するためのものなんだ。

具体的に見てみよう。

経常利益	250
特別利益	＋100
特別損失	△200
税金等調整前当期純利益	150

経常利益に、特別利益が加算され、特別損失が減算されて
税金等調整前当期純利益が計算されているね。
この「特別」という言葉の意味は
当期の業績を示すものではないってことなんだよ。

業績と関係ない損益ってこと？
どういう意味なの？

例えば、地震で工場が壊れてしまった場合
会社にとっては損失だから
費用として計上しなければいけないよね。
でも、これは会社の事業とは無関係だし
それをもとに会社を評価するのは不公平だよね。

他にも
前の年度の取引を何らかの間違いで記録し忘れていた場合
気づいた時点で直さなければいけないよね。
でも、過去の財務諸表はもう確定して
外部に公表してしまったから、それを直すことはできないよね。

こうした項目は会社の業績とは無関係だから
特別損益 (とくべつそんえき) として損益計算書に載せることにしたんだ。

> そんな異常なことや前の年度のことを
> どうしてわざわざ損益計算書に載せなきゃならないの？
>
> 放っておいたらいけないの？

確かに、損益計算書が、会社の業績を示すものだとしたら
そういう情報は邪魔になってしまうね。

でも利益は会社がどれだけ株主に配当できるかを示すもの
でもあるよね。
会社が配当すると、それだけお金が出ていってしまうから
たとえ業績と無関係の損失であっても
配当の計算上は考慮しないといけないんだ。

> そうか。
> 特別な損失や利益でも
> 会社のお金に影響があるという点では同じだものね。

> **ここがカギ** 特別損益は、会社の業績やお金を稼ぐ能力とは無関係の損益
> が記載される。これは、配当可能利益を計算するためである。

ただし、業績と無関係といっても
あまり特別損益の数字が大きいのは問題だね。

異常な取引が発生したり
本来処理されるべき年度に正しく処理されなかったりするのは
会社の内部の管理状態に問題があるかもしれないし
利益操作をしている可能性もあるからね。

税金等

最後に、損益計算書の末尾を見てみよう。

税金等調整前当期純利益	150
法人税、住民税及び事業税	△90
法人税等調整額	+30
少数株主利益	△20
当期純利益	70

なんだか難しそうな名前が並んでいるね。

法人税、住民税及び事業税は、当期に支払った税金の額だね。

法人税等調整額が足されているけど
これは、実際に支払った税金の額と
会計上支払うべき税金の額を、調整するものなんだ。

この点については『理解編』の"税効果会計"のところ
で説明しよう。　　　　　　　　　　← 『理解編』p.133参照

また、少数株主利益もあるけど
これは、『理解編』の"連結財務諸表"のところで説明するね。
　　　　　　　　　　　　　　　　　← 『理解編』p.105参照

これらの調整を経て当期純利益が計算されるんだ。

ROE

この当期純利益は
ROE（アールオーイー）の計算に用いられるんだ。

> ROE？
> あれ、さっき出てきたのはROAだったよね。

ROAは、Return On Asset（総資産利益率）
のことだったね。　　　　　　　　　　　　　　← p.275参照

ROEは、Return On Equity（自己資本利益率）のことで

ROE ＝ 当期純利益 ÷ 自己資本

で求められるんだ。

> ROEとROAはどう違うの？

ROEは
自己資本をどれだけ有効に使って
配当のもとになる当期純利益を生み出したか
を示すことになるんだ。

ROAは、すべての資産を対象にして
どれだけ資産が有効に使われているかを示すものだけど
ROEは、あくまで株主の視点から見たものなんだ。

かつて日本の会社は、株主のことをあまりに軽視してきたから
欧米の優良企業のROEが20〜30％なのに対して
日本の会社のROEは、数％と極端に低かったんだ。

それで日本の会社の間でも、株主重視のために
ROE向上を目標にすることが
ブームになったことがあるんだ。

> ブームってことは
> 今はあまり利用されていないの？

ROEは今でも重要な指標なのだけど
ROEを良くしようとすると
会社に良くない結果をもたらすこともあるんだ。

例えば、同じ利益率の事業を手掛けているのに
自己資本を少なくして、負債を多くすれば、ROEは良くなる
んだ。

> どういうこと？

例えば、1億円を投資して1,000万円の利益が得られる事業
を手掛けている2つの会社があったとしよう。

A社は、この1億円を、すべて自己資本で賄っていたとしよう。
A社のROEは、1,000万÷1億円＝10％になるね。

B社は、2,000万円を自己資本、8,000万円を借入で賄っていた
とするね。
そうするとB社のROEは、1,000万÷2,000万＝50％になるんだ。

```
A社
負債 ゼロ0
資本 1億
```
⇒ 利益:1,000万 ⇒ ROE = $\frac{1,000}{1億}$ = 10%

```
B社
負債 8,000万
資本 2,000万
```
⇒ 利益 1,000万 ⇒ ROE = $\frac{1,000万}{2,000万}$ = 50%

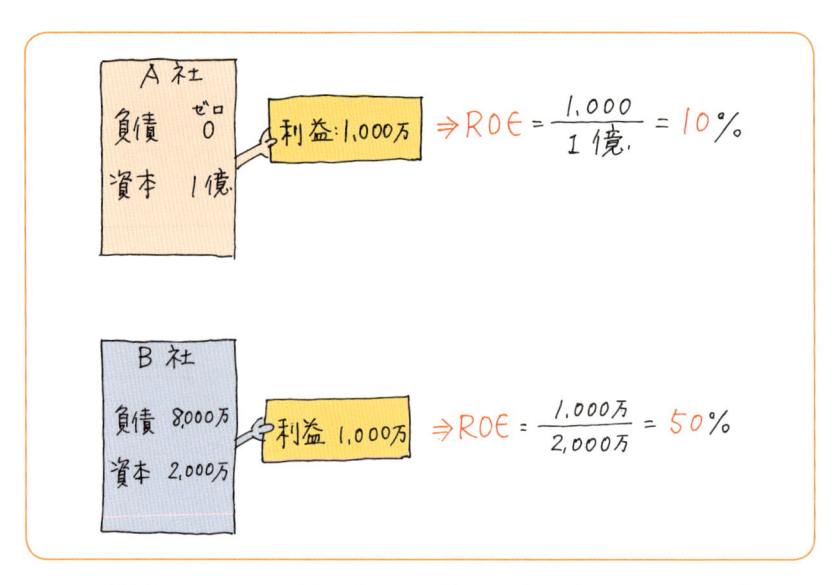

ROEの観点からは、A社よりもB社のほうが優れているように見えるね。

このように、負債の増加によってROEが向上する効果を**財務（ざいむ）レバレッジ**と呼ぶんだ。

でも、A社とB社を比較すると
明らかにB社のほうが借入金に依存していて
財務基盤の弱い会社だよね。

つまり、ROEを重視すると
会社は自己資本を圧縮して借入に頼ろうとしてしまうため
会社の財務状態を悪化させてしまう可能性があるってことだね。

な～るホド！

EPSとPER

また、当期純利益は、**EPS**（イーピーエス）や
PER（ピーイーアール）の計算にも用いられるんだ。

EPSやPERは、将来の株価を予測するのに有効な指標なんだよ。

　　えっ、株価を予測できるの？

正確に予測することはできないけど
株を買うときの目安にはなるね。

まず、EPSは、Earnings Per Share（1株あたり利益）のことで

> EPS ＝ 当期純利益 ÷ 発行済株式総数

で求められるんだ。
発行済株式総数は、会社が発行している株式の数のことだよ。

この**EPSと株価との比率**を計算したのがPERなんだ。

PERは、Price Earnings Ratio（株価収益率）のことで

> PER ＝ 株価 ÷ EPS

で求められるんだ。

　　これが株価の予測に役立つの？

PERは、EPSよりも株価がどれくらい高い水準にあるか
を示すものだから、EPSが将来伸びると期待されるほど
PERは高くなるんだ。

だから
急成長が期待されている業界に属する会社のPERが高くなる
というように、業界によってPERの水準は似てくるんだ。

> 同じ業界の会社のPERは
> 同じくらいになるってことだね。

そうだね。

例えば、Ａ社の業界のPER平均が20倍だったとして
Ａ社のPERが30倍だった場合
１株あたり利益と比べて株価が高すぎるということだから
<u>一時的にＡ社の株価が高くなってしまっている</u>
<u>つまりＡ社の株価は割高だといえる</u>ね。

Ａ社の株価は、EPSの20倍程度に落ち着くはずだから
将来株価が下がる可能性があるってことだね。

逆に、PERが平均と比べて低い場合は
株価が割安だということになるから、将来株価が
上がる可能性があるってことなんだ。

> **ここがカギ**
> PERが一般的な水準よりも高い株式は
> 株価が割高であるといえ将来株価が下がる可能性があり、
> 逆にPERが低い場合は株価が上がる可能性がある。

損益分岐点とCVP分析

会社は、売上が増加するほど利益が増えるし
売上が減れば、赤字になることもあるよね。

この、**利益と損失が入れ替わる点**を
損益分岐点（そんえきぶんきてん）と呼ぶんだ。

また、**損益が分岐する売上高**を
損益分岐点売上高（そんえきぶんきてんうりあげだか）というんだよ。

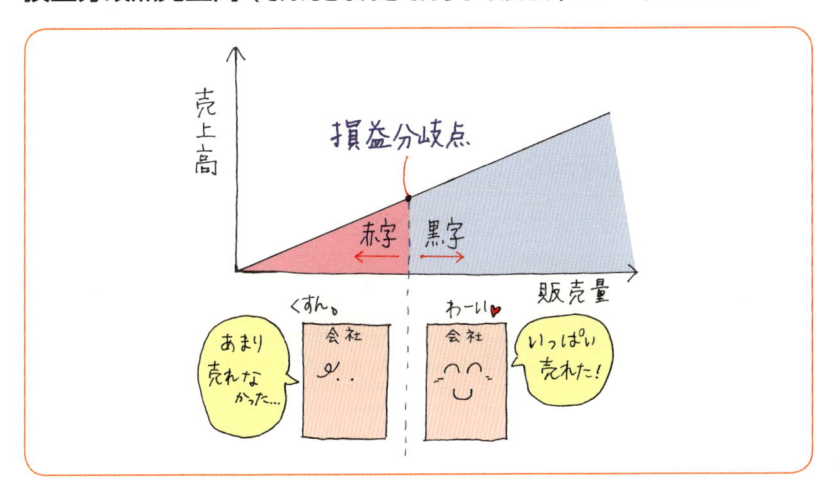

（図：縦軸「売上高」、横軸「販売量」のグラフ。損益分岐点を境に左側が赤字、右側が黒字。「あまり売れなかった…」とくすんとする会社、「いっぱい売れた！」とわーいと喜ぶ会社）

> ということは
> 損益分岐点売上高以上の売上があれば黒字になって
> 下回った場合には赤字になるってことだね。

その通りだね。

会社にとって、黒字か赤字かというのは、重要な問題だよね。

だから
現在の売上高が、損益分岐点売上高をどれくらい超えているか
どれだけ売上が減ったら損益分岐点売上高を下回ってしまうか
は重要な問題なんだ。

この、**損益分岐点に対する、会社の現在の売上高の比率**を
損益分岐点比率（そんえきぶんきてんひりつ）というんだ。

> 損益分岐点比率 ＝ 損益分岐点売上高 ÷ 現在の売上高

損益分岐点比率が高いほど
少し売上が減っただけで、赤字になるということだから
損益分岐点比率は低いほど望ましいんだ。

> 損益分岐点ってどうやって求めるの？

損益分岐点を求めるには、会社の費用を
変動費（へんどうひ）と**固定費**（こてい ひ）に分ける必要があるんだ。

> 変動費？　固定費？

変動費は、材料費などのように
会社の売上が増えるのに比例して増えていく費用のことなんだ。

固定費は
家賃などのように、会社の売上にかかわらず
一定額発生する費用のことだね。

> つまり、売上によって変動するから変動費
> 売上に関係なく変わらないから固定費ってことだね。

そうだね。

給料なども、毎月一定額と決まっている場合は固定費だけど
働いた時間に応じて支払われる場合は変動費になるね。

> 変動費と固定費はわかったけど
> それと損益分岐点とどういう関係があるの？

その関係を、グラフで表してみよう。

横軸が販売量、縦軸が売上または費用とするね。

まず、費用に関して考えてみると
固定費は、会社の売上に関係なく発生するもので
変動費は、会社の売上に比例して発生するものだよね。

固定費を10,000円、変動費を製品１個あたり400円だとすると
固定費と変動費の合計である費用は、次のようになるね。

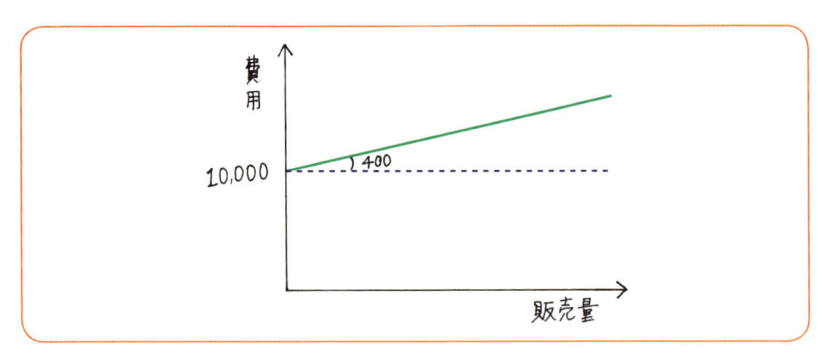

[グラフ:費用 10,000円から始まり、傾き400で増加]

固定費は、販売量に関係なく10,000円だけど
変動費は、1個売れるごとに400円かかるからね。

また、販売価格を1個あたり1,000円とすると
売上のグラフは、次のようになるね。

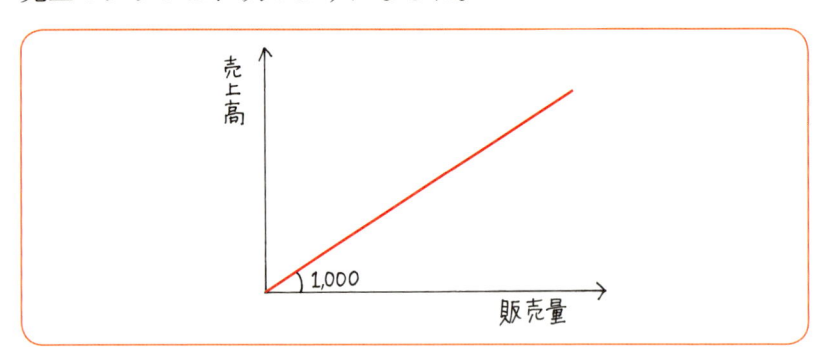

[グラフ:売上高 原点から傾き1,000で増加]

これを重ね合わせると損益分岐点を示すグラフになるんだ。

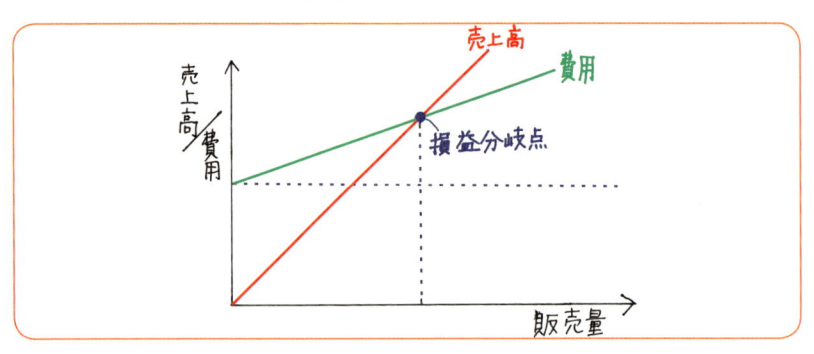

[グラフ:売上高と費用の交点が損益分岐点]

このグラフを見ると
売上が徐々に増えていって、損益分岐点売上高を上回ると
損益がプラスになることが読み取れるね。

販売量が損益分岐点よりも左の場合
売上の線のほうが、費用の線よりも下にあるよね。

> あ、そうか。
> 売上よりも費用が大きいから
> 赤字になっちゃうんだ。

そうだね。

逆に、販売量が損益分岐点よりも右の場合
売上の線のほうが、費用の線よりも上にあるね。

> だから、黒字になるんだね。
>
> 販売量が少ないと赤字だけど
> 損益分岐点以上に売れると、黒字になるってことだね。

これはおぼえよう

利益と損失が入れ替わる売上高を損益分岐点売上高といい、現在の売上高との比率を損益分岐点比率という。
損益分岐点比率は、低いほど望ましい。

このように
コスト（Cost）と、販売量（Volume）と、利益（Profit）
を分析する手法を、**CVP（シーヴィーピー）分析**というんだ。

ただ、残念ながら、CVP分析を行うには
損益計算書の数値を直接用いることはできないんだ。

どういうこと？

CVP分析のためには
費用を変動費と固定費に分ける必要があるよね。

でも
損益計算書の数値は変動費と固定費に分かれていないから
類推して分けるしかないんだ。

分ける方法としては
勘定科目の性質によって強引に分けてしまったり
いくつかの時点の情報をもとに傾向を予測したりなどが
あるけれど、会社外部の人が分析する場合には
変動費と固定費を予測するしかないんだよ。

どちらかといえば
会社内部の人向けの分析方法といえるね。

おつかれさま〜

IFRSのココを押さえよう ❺

当期純利益が消えるのか

さっきも説明したように、日本の会計基準とIFRSは利益を重視するか、資産・負債の変動を重視するかという点で違いがあるんだ。

その違いが、損益計算書の形式の違いをもたらしているんだ。

> ということは、IFRSが導入されると損益計算書は大きく変わるってこと？

形式の面でいうとそうだね。

特に大きいのは、経常利益がなくなるのと包括利益という項目が増える、ということだね。

> え、経常利益がなくなっちゃうの？
> 経常利益って、会社の業績を示すものじゃないの？

経常利益がなくなるのは、思想の違いからというよりも利益操作の余地を減らすことが目的なんだ。

> 利益操作をなくすってどういうこと？

経常利益は、営業利益から経常的に発生する収益や費用を加減算したものだったね。

その6 損益計算書

そして
経常利益から臨時・異常な特別利益や特別損失を
加減算して、税金などを引くと、当期純利益が計算できるね。

でも
この経常的か臨時・異常かというのは主観的だから
経常利益もある程度恣意的に変えることができてしまうんだ。

　　そうか。
　　これは臨時・異常なものだっていえば
　　経常損益に含めなくていいんだものね。

そのような利益操作の余地をなくすために
IFRSには経常利益の項目がないんだよ。

　　経常利益についてはわかったけど
　　包括利益ってどういう意味？

包括利益は、ひとことでいえば
純資産の変動のうち
資本取引を除いたものってことなんだ。

さっきも説明したように
日本は利益を重視するのに対して
IFRSは資産と負債の変動を重視して
純資産がどれくらい変化したかをもとに利益を計算する
という思想なんだ。

そういえば
なんとかアプローチっていってたものね。

日本は、収益費用アプローチで、IFRSは資産負債アプローチだね。

だからIFRSでは、純資産の変動から
新株の発行や自己株式取得のような資本取引を除いたものを
包括利益として、それを表示することにしたんだよ。

純資産が増えていれば利益
純資産が減っていれば損失ってことだね。

だから名前も、損益計算書ではなくて
包括利益計算書になる可能性が高いんだ。

貸借対照表に比べて
損益計算書は結構変わるんだね。

形式面ではそうだね。

ちなみに包括利益が導入されることで
当期純利益が消えるといわれて話題になったことがあったけど
それも誤解なんだ。

IFRSでは、当期純利益と包括利益の両方を計算する形式が
認められているし、海外の経営者も投資家も
やっぱり当期純利益は重要視しているんだよ。

包括利益という新しい概念が注目されたことで
IFRSになると会計が根本から変わってしまうんじゃないかと
誤解されていたけど、むしろ有益な情報が増える
というくらいに考えておいたほうがいいんだよ。

〔参考資料〕
IFRS による包括利益計算書の雛型（案）

売上収益	2,000
売上原価	△1,200
売上総利益	800
その他の収益	50
販売費	△200
管理費	△300
その他の費用	△50
営業利益	300
金融収益	150
金融費用	△200
税引前利益	250
法人所得税費用	△100
当期利益	150
その他の包括利益	30
その他の包括利益に係る法人所得税	△10
税引後その他の包括利益	20
当期包括利益合計	170

索引

- この索引は、＜会計の基本の基本編＞＜会計基準の理解編＞の両方の重要項目を網羅しています。
- 基本 は＜会計の基本の基本編＞を、理解 は＜会計基準の理解編＞をそれぞれ表しています。
- それぞれのページ番号は、その項目が詳しく解説されているページを表しています。

あ

- 理解 ROI ······ 63
- 基本 ROE ······ 280
- 基本 ROA ······ 275
- 理解 IR ······ 169
- 基本 IFRS ······ 57
- 基本 粗利益 ······ 267
- 基本 安全利子率 ······ 33
- 基本 安定株主 ······ 52
- 基本 EPS ······ 283
- 基本 インカムゲイン ······ 19
- 基本 受取手形 ······ 129
- 基本 売上原価 ······ 266
- 基本 売上債権 ······ 129
- 基本 売上総利益 ······ 266
- 基本 売上総利益率 ······ 267
- 基本 売掛金 ······ 128
- 理解 影響 ······ 78
- 基本 営業外収益 ······ 274
- 基本 営業外費用 ······ 274
- 理解 営業活動によるキャッシュフロー ······ 34
- 基本 営業利益 ······ 271
- 理解 益金 ······ 120
- 理解 オプション ······ 157
- 理解 親会社 ······ 73

か

- 基本 買掛金 ······ 128
- 基本 会計監査 ······ 45
- 理解 会計基準変更時差異 ······ 245
- 基本 回収取引 ······ 68
- 基本 回転 ······ 42
- 基本 回転期間 ······ 208
- 基本 回転率 ······ 208
- 基本 格付け ······ 245
- 理解 掛金 ······ 217
- 理解 過去勤務債務 ······ 249
- 基本 貸方 ······ 70
- 基本 貸方科目 ······ 75
- 基本 貸倒 ······ 152

理解	貸倒懸念債権	186
基本	貸倒引当金	155
基本	貸付金	77
理解	課税所得	120
基本	活動の実態	125
理解	合併	64
理解	合併比率	64
基本	株価	26
基本	株式	16
基本	株式会社	11
基本	株式時価総額	53
基本	株主	17
基本	株主資本	235
基本	株主総会	18
基本	株主名簿	17
基本	借入金	78
基本	借方	70
基本	借方科目	75
基本	勘定科目	74
基本	間接金融	22
理解	間接法	35
基本	管理会計	39
理解	関連会社	73
理解	関連会社株式	109
基本	機会費用	32
基本	期間	94
理解	企業集団	73
理解	期待運用収益相当額	254
理解	キャッシュ	33

基本	キャッシュフロー	140
理解		11
理解	キャッシュフロー経営	56
理解	キャッシュフロー計算書	11
基本	キャピタルゲイン	25
基本	キャピタルロス	26
基本	金銭債権	129
理解	勤務費用	229
基本	金融資産	149
基本	繰り上げ	137
基本	繰り延べ	137
基本	繰延資産	229
理解	繰延税金資産	136
理解	繰延税金負債	136
基本	黒字倒産	258
基本	経営成績	259
基本	経常利益	273
基本	決算	159
基本	減価償却	141
基本	減価償却費	141
基本	減価償却累計額	142
理解	原価法	204
理解	現金同等物	33
理解	減損	188
理解	減損会計	188
理解	厚生年金基金	221
基本	公認会計士	45
基本	ゴーイング・コンサーン	165
理解	子会社	73
理解	子会社株式	98

理解	子会社・関連会社株式 ……… 179
基本	固定化 ……………………… 212
基本	固定長期適合率 …………… 243
基本	固定費 ……………………… 286
基本	固定比率 …………………… 243
基本	固定負債 …………………… 231
理解	個別財務諸表 ……………… 88

■■■■■■■■■ さ ■■■■■■■■■

基本	債権者 ……………………… 22
基本	財政状態 …………………… 200
理解	裁定取引 …………………… 158
基本	財務会計 …………………… 39
理解	財務活動によるキャッシュフロー ……………………… 47
基本	財務諸表 …………………… 38
基本	債務超過 …………………… 106
基本	財務レバレッジ …………… 282
理解	先物 ………………………… 157
基本	残高 ………………………… 94
基本	残高試算表 ………………… 102
基本	CVP分析 …………………… 289
理解	CFO ………………………… 258
基本	仕入債務 …………………… 129
基本	時価 ………………………… 175
理解	時価会計 …………………… 153
基本	事業用資産 ………………… 149
基本	資金繰り …………………… 54
基本	自己株式 …………………… 240
基本	自己資本比率 ……………… 244
基本	資産 ………………………… 77

基本	支出 ………………………… 139
基本	実現 ………………………… 132
基本	実現主義 …………………… 133
理解	支配 ………………………… 74
基本	支払手形 …………………… 129
基本	資本 ………………………… 81
基本	資本金 ……………………… 236
基本	資本コスト ………………… 34
基本	資本剰余金 ………………… 236
理解	社外積立 …………………… 217
基本	社債 ………………………… 21
基本	社債発行費 ………………… 229
理解	社内積立 …………………… 217
基本	収益 ………………………… 86
基本	収入 ………………………… 139
基本	取得原価 …………………… 174
基本	取得原価主義 ……………… 175
基本	純資産 ……………………… 81
基本	純資産の部 ………………… 235
理解	純粋持ち株会社 …………… 87
基本	償却 ………………………… 141
理解	償却原価法 ………………… 179
基本	証券化 ……………………… 215
理解	少数株主 …………………… 105
理解	少数株主損益 ……………… 107
理解	少数株主持分 ……………… 107
基本	新株予約権 ………………… 241
基本	信用取引 …………………… 125
理解	数理計算上の差異 ………… 250
基本	ストック科目 ……………… 95

索引

297

理解	スワップ	157
理解	税効果会計	117
理解	正常債権	186
理解	税の公平性	121
理解	説明能力	167
基本	総資産	203
基本	総資本	203
理解	その他有価証券	180
理解	その他有価証券評価差額金	181
基本	損益	92
基本	損益計算書	94
基本	損益分岐点	285
基本	損益分岐点売上高	285
基本	損益分岐点比率	286
理解	損金	120
基本	損失	92

|||||||||||| た ||||||||||||

基本	貸借対照表	94
理解	退職給付会計	211
理解	退職給付債務	238
理解	退職給付引当金	227
理解	退職給付費用	227
理解	退職給付見込額	236
基本	棚卸資産	205
基本	単式簿記	112
基本	超過収益力	221
基本	調達取引	65
基本	直接金融	22
理解	直接法	35
理解	DCF法	58

理解	低価法	205
基本	ディスクロージャー	38
基本	手形	129
理解	デリバティブ	156
理解	投機	158
基本	当座比率	234
基本	投資	20
理解	投資活動によるキャッシュフロー	44
理解	投資信託	156
基本	投資その他の資産	228
基本	投資取引	66
理解	投資の価値	60
基本	特別損益	278
理解	土地再評価法	207
基本	取引	63

|||||||||||| な ||||||||||||

理解	内部取引	93
基本	内部留保	83
理解	年金資産	222
基本	のれん	223
		理解 103

|||||||||||| は ||||||||||||

基本	買収	224
基本	配当	19
基本	配当可能利益	264
理解	売買目的有価証券	171
理解	破産更生債権	186
基本	発生	120
基本	発生主義	120

基本	バランスシート不況	247
基本	PER	283
基本	引当金	155
理解	BIS規制	183
基本	費用	88
基本	評価益	172
理解	評価・換算差額等	181
基本	評価損	172
基本	費用収益対応の原則	139
基本	費用の配分	137
基本	不確実性	121
基本	複式簿記	69
基本	負債	78
理解	フリーキャッシュフロー	49
基本	不良債権	254
基本	不良債権の処理	254
基本	フロー科目	95
基本	変動費	286
理解	法人税	118
理解	法人税等調整額	133
基本	簿記	61

ま

理解	満期保有目的債券	176
理解	未実現利益	95
基本	無形固定資産	220
基本	儲け	35

基本	持ち分	82
理解	持分法	90

や

基本	有価証券	151
理解	有価証券運用損益	174
基本	有形固定資産	218
基本	融資	25
理解	有税処理	127

ら

基本	利益	92
基本	利益剰余金	236
基本	利害調整	47
基本	リスク	20
基本	リスクプレミアム	33
理解	リスクヘッジ	158
理解	利息費用	254
基本	流動化	212
基本	流動資産	203
基本	流動比率	234
基本	流動負債	231
理解	連結経営	83
理解	連結財務諸表	73
理解	連結上の税効果	143
理解	連結調整勘定	103
理解	連単倍率	113

[会計基準の理解編] の目次

その1 キャッシュフロー計算書

- キャッシュフローとは
- B/S・P/L とキャッシュフローの関係
- キャッシュと損益との違い
- 操作性
- 客観性
- 黒字倒産
- 他の財務諸表との関係
- キャッシュフロー計算書
- キャッシュの定義
- 営業キャッシュフロー
- 間接法による営業キャッシュフローの仕組み
- 投資キャッシュフロー
- 財務キャッシュフロー
- フリーキャッシュフロー
- キャッシュフロー経営
- DCF法

IFRS のココを押さえよう ❶
- すべての会社に適用されるのか

その2 連結財務諸表

- 連結財務諸表
- 連結財務諸表の必要性
- 支配、影響
- 子会社を用いた損失隠し
- 連結経営
- 連結財務諸表の仕組み
- 未実現利益の消去
- 投資と資本の消去
- 連結調整勘定
- 少数株主
- 持分法
- 連単倍率

IFRS のココを押さえよう ❷
- 英語で財務諸表を作成するのか

その3　税効果会計

- 税効果会計の目的
- 法人税の仕組み
- 税と会計の差異
- 有税処理
- タイミングの違い
- 税効果会計の役割
- 法人税等調整額
- 繰延税金資産と繰延税金負債
- 税効果会計の会計処理の具体例
- 連結上の税効果

IFRS のココを押さえよう ❸
- IFRS の原則主義とは何か

その4　時価会計と減損会計

- 時価会計とは
- 時価評価される資産
- デリバティブについて
- デリバティブなどの評価
- 時価会計が会社経営に与えた影響
- 有価証券の区分
- 売買目的有価証券
- 満期保有目的債券
- 子会社・関連会社株式
- その他有価証券
- 時価評価における税効果
- 金銭債権の評価
- 減損会計
- 減損処理の手順
- 減損の会計処理
- 減損会計と時価会計の違い

IFRS のココを押さえよう ❹
- 持ち合い株式はどう評価されるか

IFRS のココを押さえよう ❺
- のれんの償却

ここでちょっと ひと休み！ ❶
- 会計制度が歪められた？

その5 退職給付会計

- 退職給付会計の必要性
- 退職金の性格
- 社内積立と社外積立
- 掛金と年金資産
- 退職金に関する費用の発生とお金の動き
- 退職給付引当金と退職給付費用
- 具体的な会計処理
- 費用発生時の仕訳
- 掛金支払時の仕訳
- 退職金支払時の仕訳
- 退職給付引当金の役割
- 退職給付引当金の計算方法

- 退職給付費用の構成要素
- 勤務費用
- 会計基準変更時差異
- 過去勤務債務
- 数理計算上の差異
- 利息費用
- 期待運用収益相当額

IFRS のココを押さえよう ❻
- 退職給付の積立不足が明らかになる

最後にちょっとだけ！
- CFO の役割

〔著者紹介〕

天野　敦之（あまの　あつし）
　　　公認会計士
　　　1975年生まれ。一橋大学商学部経営学科卒業。大学在学中に公認会計士第二次試験に合格。その後、同第三次試験に合格し、公認会計士登録。
　　　大学卒業後、外資系コンサルティング・ファーム勤務を経て、証券会社の投資銀行部門でM&Aや資金調達、証券化等のアドバイザリー業務、グローバルマーケッツ部門で地域金融機関への提言業務に従事。
　　　その後、人を幸せにする会社総合研究所を設立し、財務会計の視点から、人の幸せと企業の利益を両立させるためのアドバイスを提供。多くの企業の業績改善を実現している。
　　　主な著書に、『宇宙を感じて仕事をしよう』（サンマーク出版）、『君を幸せにする会社』（日本実業出版社）、『宇宙とつながる働き方』（総合法令出版）などがある。

カラー版　会計のことが面白いほどわかる本〈会計の基本の基本編〉

2012年 9 月25日　第 1 刷発行
2023年 5 月20日　第16刷発行
　　　　　　　　　　　　　　　　　　　　（検印省略）

著　者　天野　敦之（あまの　あつし）
発行者　山下　直久

発　行　株式会社KADOKAWA
　　　　〒102-8177　東京都千代田区富士見2-13-3
　　　　電話　0570-002-301（ナビダイヤル）

●お問い合わせ
https://www.kadokawa.co.jp/（「お問い合わせ」へお進みください）
※内容によっては、お答えできない場合があります。
※サポートは日本国内のみとさせていただきます。
※Japanese text only

定価はカバーに表示してあります。

DTP／フォレスト　印刷／新日本印刷　製本／鶴亀製本

©2012 Atsushi Amano, Printed in Japan.
ISBN978-4-04-602731-3　C2034

本書の無断複製（コピー、スキャン、デジタル化等）並びに無断複製物の譲渡及び配信は、著作権法上での例外を除き禁じられています。また、本書を代行業者などの第三者に依頼して複製する行為は、たとえ個人や家庭内での利用であっても一切認められておりません。

中経出版

カラー版
会計のことが面白いほどわかる本
【会計基準の理解編】

天野　敦之著

1999年から、時価会計や退職給付会計などの新しい会計基準が続々導入されましたが、それらは、従来の会計制度よりもはるかに複雑で難解です。この本は、IFRSのポイントを押さえつつ、わかりにくい会計基準に関する基本的な知識とメカニズムを、どの本よりもやさしく説いています。
必要な情報を改めて見直し、読者待望の全ページカラー化！

主な内容

- キャッシュフロー計算書
- 連結財務諸表
- 税効果会計
- 時価会計と減損会計
- 退職給付会計